販売士検定2級

図で見て覚える最短合格テキスト

株式会社 経営教育総合研究所
山口正浩 監修
Yamaguchi Masahiro

同文舘出版

はじめに

　販売士検定2級試験が新試験制度に改定されてから、早くも3年が経過しました。経営教育総合研究所（販売士研究会）では、新制度当初から大学や専門学校、企業で多くの合格者を輩出するとともに、試験で間違えやすいテーマや理解が困難なテーマを受験生のヒアリングやアンケートで収集してきました。
　本書では、販売士検定2級試験の幅広い試験範囲のうち、収集した受験生のデータに基づき、受験生が特に苦手とするテーマを、各科目20テーマ程度にまとめました。
　各テーマでは「学習のポイント」で、学習テーマの全体像をコンパクトに紹介しています。通勤・通学の電車の中でも学習しやすいように、各テーマを見開きで完結し、一目で見渡せるようにしています。
　さらに図表をふんだんに用いることにより、憶えるべき専門用語をイメージしやすくしています。
　本書は、販売士検定試験2級の新試験科目に完全準拠しています。また、下記の販売士研究会のホームページ（ＨＰ）では、本書の執筆者からの応援メッセージや試験の最新情報などの受験情報を掲載しています。ぜひ、下記のＨＰにもアクセスしてみてください。

```
販売士研究会ＨＰ
http://www.hanbaishi.jp/
```

　合格のための実践力を養いたい方は、姉妹書である「2級販売士最短合格問題集（同文舘）」と併せて学習し、効率的に合格の栄冠を勝ち取りましょう。

　最後に、本書を執筆するにあたり、日本商工会議所・全国商工会連合会編「販売士検定試験2級ハンドブック」を参照させていただきました。ここに記して感謝申し上げるしだいです。

2010年3月

　　　　　　　　　　　　　株式会社　経営教育総合研究所
　　　　　　　　　　　　　代表取締役社長　山口　正浩

CONTENTS

はじめに

第1章 ▶ 小売業の類型

❶ 流通と小売業……………………………………………………012
❷ 小売業の構造変化と業態変化…………………………………016
❸ 世界の小売業の動向……………………………………………018
❹ 製造業（メーカー）の流通経路政策…………………………022
❺ 卸売業の構造と機能変化………………………………………024
❻ サプライチェーンの効率化……………………………………028
❼ 組織形態別小売業の特性………………………………………030
❽ 専門店……………………………………………………………036
❾ 百貨店……………………………………………………………038
❿ 総合品ぞろえスーパー（GMS）………………………………040
⓫ スーパーマーケット（SM）……………………………………042
⓬ ホームセンター（HC）…………………………………………044
⓭ ドラッグストア（DgS）…………………………………………046
⓮ コンビニエンスストア（CVS）…………………………………048
⓯ スーパーセンター（SuC）………………………………………050
⓰ チェーンストアの特性…………………………………………052
⓱ チェーンオペレーションの原則………………………………054

⓲中小小売業の課題と方向性……………………………………… 056
⓳商店街の運営特性 ………………………………………………… 058
⓴ショッピングセンターの課題と方向性……………………… 060

第2章 ➡ マーチャンダイジング

❶経営環境変化と進化するマーチャンダイジング……………… 064
❷マーチャンダイジングと競争戦略……………………………… 066
❸ITの進展とマーチャンダイジング …………………………… 068
❹商品知識の活用方法……………………………………………… 070
❺仕入業務と仕入情報……………………………………………… 072
❻仕入における消費財の特性……………………………………… 074
❼商品計画…………………………………………………………… 078
❽商品カテゴリー構成……………………………………………… 080
❾棚割りシステム…………………………………………………… 082
❿売価政策…………………………………………………………… 084
⓫プライスゾーンとプライスライン政策………………………… 086

⓬値入額……………………………………………………………… 088
⓭棚卸しと在庫管理の重要性…………………………………… 090
⓮商品回転率……………………………………………………… 092
⓯販売管理………………………………………………………… 094
⓰予算管理と利益計画…………………………………………… 096
⓱損益分岐点分析………………………………………………… 098
⓲POSシステム ………………………………………………… 100
⓳販売分析の見方と活用法……………………………………… 106
⓴小売業の物流システム………………………………………… 108

第3章 ➡ ストアオペレーション

❶発注システムの運用と管理…………………………………… 116
❷補充・ディスプレイ…………………………………………… 118
❸売場チェックのポイント……………………………………… 120
❹インストアマーチャンダイジング…………………………… 122
❺売場効率化の指標……………………………………………… 124

❻ディスプレイの目的……………………………………………………… 126
❼ディスプレイの技術……………………………………………………… 128
❽ディスプレイの方法……………………………………………………… 132
❾注目率の高まる売場づくり……………………………………………… 134
❿レイバースケジューリングプログラム………………………………… 136
⓫販売員の役割と使命……………………………………………………… 138
⓬販売員の資質向上策……………………………………………………… 140
⓭専門店販売の接客技術…………………………………………………… 142
⓮職場における販売員管理………………………………………………… 144
⓯販売員の教育訓練………………………………………………………… 146

第4章 マーケティング

❶消費スタイルの変化……………………………………………………… 150
❷マーケティング機能の強化……………………………………………… 152
❸マーケティング・ミックス……………………………………………… 154
❹プレイス…………………………………………………………………… 156

❺プロダクト……………………………………………………………158
❻プライス………………………………………………………………160
❼プロモーション………………………………………………………162
❽顧客中心主義の考え方………………………………………………166
❾FSPの基本的考え方 …………………………………………………168
❿CRMの基本的考え方 ………………………………………………170
⓫マーケティング戦略の方法…………………………………………172
⓬マーケティング戦略の立案…………………………………………174
⓭マーケティング・リサーチの実施方法……………………………176
⓮商圏分析の立案と実施方法…………………………………………178
⓯市場細分化と集中戦略………………………………………………180
⓰出店戦略の立案と実施方法…………………………………………182
⓱ストアコンパリゾンの4原則………………………………………184
⓲ドミナント型出店と大型拠点型出店………………………………186
⓳販売促進策……………………………………………………………188
⓴広告……………………………………………………………………190
㉑販売促進広告…………………………………………………………192
㉒POP広告 ……………………………………………………………194
㉓商品ライフサイクルと販売の適合性………………………………196
㉔ポジショニングの設定………………………………………………198
㉕ストアコンセプトとストアデザイン………………………………200

㉖ゾーニングの手順………………………………………………………… 202
㉗レイアウトの手順………………………………………………………… 204
㉘スペースマネジメント…………………………………………………… 206
㉙売場を演出する技術（色彩、照明）…………………………………… 208

第5章　販売経営管理

❶販売管理者の職務と役割………………………………………………… 212
❷売場管理のポイント……………………………………………………… 214
❸クレームへの対応方法…………………………………………………… 216
❹取引の法知識……………………………………………………………… 218
❺仕入に関する法知識……………………………………………………… 222
❻販売に関する法知識……………………………………………………… 224
❼商標法・不正競争防止法・景品表示法………………………………… 230
❽リスクマネジメント……………………………………………………… 232
❾まちづくり3法…………………………………………………………… 234
❿経営分析とは何か………………………………………………………… 236

⓫狭義の経営分析………………………………………………………238
⓬主要な経営分析指標…………………………………………………240
⓭付加価値による分析…………………………………………………242
⓮店舗組織の考え方……………………………………………………244
⓯職場の人間関係管理…………………………………………………248
⓰人材育成とリーダーシップのあり方………………………………252
⓱防犯対策と店舗施設の保守…………………………………………254
⓲付帯施設管理…………………………………………………………256

装丁・組版　志岐デザイン事務所

第 **1** 章

小売業の類型

小売業の類型―❶

▶ 流通と小売業

Point 学習のポイント

　コンビニエンスストアで弁当を購入した消費者は、農家で収穫された米が、弁当として販売されるまでの過程は知りません。

　農家で生産され、収穫された米は精米され、小売店や弁当の製造工場に販売されます。製造工場では調理・加工され、コンビニエンスストアで販売されます。

　このように、米を収穫してからコンビニエンスストアで販売され、消費者が食べるまでの過程を流通といいます。

流通業が取引や在庫を減らす

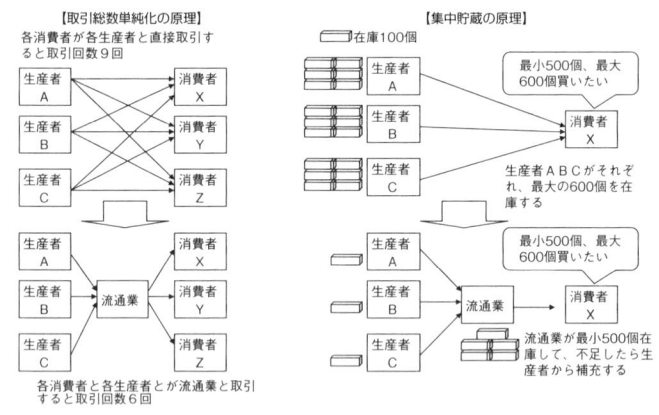

生産と消費との差

　米を食べた（消費した）場合、その米を生産した人と消費者、生産した場所と食べた場所、生産したときと消費したときとは違います。

生産者はどんな土や水で育った米かを知っていますが、消費者は詳しく知りません。このように生産と消費との間で、人・場所・時・情報などに差があります。生産と消費との差を懸隔といいます。懸隔を橋渡しすることが流通の機能です。

(1)要素的懸隔
　①所有懸隔：消費する場合、生産者の所有権が消費者に移ります。
　②空間懸隔：生産した場所と、消費する場所とは違います。
　③時間懸隔：生産した時と、消費する時とは違います。

(2)システム的懸隔
　①情報懸隔：生産側は、消費側より製品情報に詳しい。
　②価値懸隔：生産者は高価格、消費者は低価格で取引したい。

流通業の役割

　流通業は懸隔を橋渡し(架橋)する役割です。流通業が懸隔を架橋し、「生産者→流通業者→消費者」とすると、取引費用や取引回数、流通在庫を減らすことができます。

(1)取引総数単純化の原理
　生産と消費との間に流通業が入ることで取引回数や流通費用を減らすことができます。

(2)集中貯蔵の原理（不確実性プールの原理）
　例えば、消費者Xが欲しい商品数量が500個～600個で、生産者A、B、Cから直接買うとき、生産者A、B、Cはそれぞれ最大600個在庫します。流通在庫は1,800個（生産者3社×600個）になります。流通業が在庫500個を保有すると、各生産者の在庫は100個になります。流通在庫は800個（生産者3社×100個＋流通業者500個）に減少します。

　生産と消費との間に流通業が入ることで、流通在庫や流通費用を減らすことができます。

流通フロー

Point 学習のポイント

　買物で、商品を受取り、代金を支払ったら、その商品を自由に使えます。買物をしたことで、商品の所有権や商品そのもの（財）が顧客のものになったからです。買物したときには商品の使い方や生産地などの情報も顧客に渡っています。取引の流れを流通フローといいます。流通フローのうち、所有権の移動を商流といいます。商品そのものの移動を物流といいます。情報の移動を情報流といいます。

生産と消費とでは時間や場所が違う

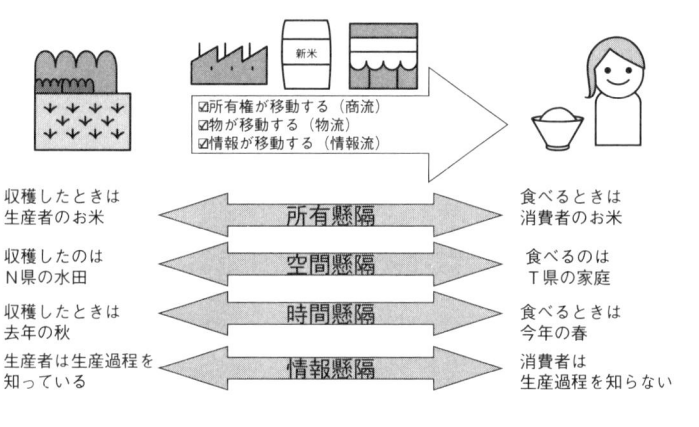

(1) 商流

　所有懸隔を架橋する所有権のフローを商流といいます。生産と流通との取引や流通同士の間では、商品を受取ったときに代金を支払わずに、まとめて後払いすることが一般的です。商品を受取ったときと、代金を支払うときとの間をつなぐことを流通金融といいます。

(2)物流

　空間懸隔や時間懸隔を架橋する商品そのもの（財）の移動を物流といいます。物流には、輸送や配送・保管・荷役（倉庫への出し入れ）・流通加工（倉庫での再包装やカットなど）の作業があります。物流には商品を仕入れるときの調達物流、企業内で移動する生産物流、販売先まで商品を運ぶ販売物流、返品を回収する回収物流があります。

(3)情報流

　情報懸隔を架橋する商品情報の移動を情報流といいます。

情報流の情報

　情報流で流れるものには、取引情報・物流情報・市場情報・販売促進（プロモーション）情報があります。

(1)取引情報

　所有権の移動の情報です。交渉情報・受発注情報・所有権移転情報・代金決済情報があります。

(2)物流情報

　輸送や配送・保管・荷役・流通加工の作業指示や注意点、入出庫場所や日時などの情報があります。

(3)市場情報

　主に顧客の情報です。顧客の動向などの需要情報と、ライバル企業やライバル店などの競争情報とがあります。

(4)販売促進（プロモーション）情報

　広告やプロモーションの情報です。

小売業の類型—❷

➡ 小売業の構造変化と業態変化

Point　学習のポイント

　友達と同じ店で同じ洋服を購入すると、友達と同じ洋服を購入することによる安心感がある反面、自分らしさが失われて残念に思うことがあります。友達と違う色や違うデザインで、自分らしさを演出することもあるでしょう。このように人は、他人と同一の商品を好む反面、他人との違いを演出したいという欲求があります。

　流行を追う人もいれば、流行と真逆の行動をする人もいます。このような人々の行動により、今まで流行っていなかった商品が流行したり、大流行していた商品が廃れたりします。流行の変化は、人々の嗜好の変化とともに一定の周期で繰り返すことがあります。

消費傾向はくり返される

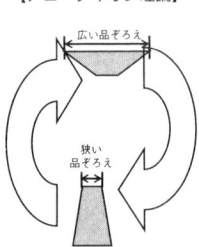

【小売の輪の理論】　高価格／低価格

【アコーディオン理論】　広い品ぞろえ／狭い品ぞろえ

小売業の構造変化

　商店街には、閉まったままの店舗がたくさんあります。日本の小売業の店舗数、年間販売額はともに減っています。しかし、小売業の従

業員数は長期的な調査では増えています。1店でまとめ買いしたい消費者が増えたことで、近所の小さな店から、品ぞろえが豊富な大型店に顧客が流れました。その結果、店舗数が減り、1店舗当たりの従業員数が増えました。

小売業の業態変化

(1) お金があるときは、買回品や専門品が売れる（フォード効果）

国民の所得水準が上昇すると、最寄品を販売する店舗が減り、買回品や専門品を販売する店舗が増えます。

(2) 低価格販売と高価格販売との流行がくり返される（小売の輪の理論）

低価格販売の店舗が流行すると、店舗の多くが低価格販売になります。しかし、販売価格には下限があるので、販売価格を下げ続けることはできません。販売価格を下げられなくなった店舗は、低価格路線をあきらめて、付加価値の高い商品を高価格で販売するようになり、高価格販売が増えてきます。高価格販売が一般的になってくると、高価格販売と違う特徴として、低価格販売の店舗がでてきます。

(3) 何でも揃う店舗と特徴ある品ぞろえの店舗との流行がくり返される（アコーディオン理論）

旅行に行くための服を揃えるときに、1つの店舗で帽子から靴下まで買物できれば便利です。しかし、何でも揃っている店舗は、1つの品種あたりの品ぞろえが少ないため、「こだわりの一品」がないことがあります。そこで「こだわりの一品」を求める人は専門店に行くようになります。

何でも揃う総合的な品ぞろえの店舗と、こだわりの一品の専門的な品ぞろえの店舗とで流行がくり返されます。

小売業の類型―❸

世界の小売業の動向

Point 学習のポイント

　毎朝食べるパンを購入する場合、店舗は家の近くにあるほうが便利です。しかし、1週間分や1ヵ月分の缶詰やペットボトル飲料を、ケース単位でまとめ買いするなら、郊外の低価格販売の店舗に車で行って買ったほうが便利です。

　欧米では、「郊外の大型店でまとめ買い」の買物スタイルが多く、日本では「近所の小さな店舗で少しずつ買う」という買物スタイルが多いため、欧米の企業が日本に進出するときには、このような買物スタイルの違いを埋めることに苦労しています。

日本は、家の近所に、小さな店がたくさんある

【欧米の買物スタイル】
郊外型の大型店で1週間分の食材をまとめ買い

【日本の買物スタイル】
近所の小さな店で毎日、1日分の食材を買う

日本の流通の特徴

(1) 小売業と卸売業と製造業

　私たちは、店舗で商品を買います。私たち消費者が商品を買う店を

小売業といいます。小売店で売っている商品は、製造業で生産されたものです。生産する業者を製造業といいます。製造業が生産した商品を集めて、家の近くの店まで流通させる業者を卸売業といいます。商品は「製造業→卸売業→小売業→消費者」という順に流れます。

(2)過多性・零細性・多段階性

「近所の小さな店で少しずつ買う」という日本の買物スタイルに対応するためには、家の近くにたくさんの店が必要です（過多性）。住宅街ですから、大きな店舗は出店が困難です。店の規模は小さく（零細性）なります。住宅街の小さな店まで商品を流通させるためには、例えば「店のある都道府県担当卸売業→市区町村担当卸売業→地区担当卸売業」と商品を流通させるように、卸売業が段階的に必要（多段階性）です。このように、日本の流通の特徴は過多性・零細性・多段階性の3つになります。

日本の小売業の特徴

「郊外型の大型店でまとめ買い」の欧米の買物スタイルでは、大型店を出店できる大手小売業が中心になります。欧米の小売業が大手中心であることは、小売業の累積販売額が上位3社に集中している度合い（上位3社の市場シェア）を示す上位3社集中度でわかります。食品小売業の上位3社集中度は、フランスやイギリスが50％前後、アメリカが30％弱、日本が10％に満たない状況です。日本の小売業は上位集中度が低いことが特徴です。

日本の上位集中度が低い理由には、国土面積当たりや人口当たりの店舗の数が欧米より多い過多性や地域の小さなチェーン店が多数存在する市場分散性があります。また、価格重視派や品質重視派、近所重視派など、店を選ぶ基準が多様であることや、大規模小売店舗立地法などの法的規制があることなどがあげられます。

世界の小売業の主力形態

Point 学習のポイント

アメリカ旅行に行ったときは、英語で会話した方がスムーズです。同様に、欧米で成功した企業が日本に進出するとき、欧米で成功した手法をそのまま日本に導入しても成功しにくいものです。自分たちが成功した方法を、その地域に合わせて修正することをローカライズといいます。欧米と日本との買物スタイルの違いが原因で、欧米の小売業にとって、日本へのローカライズは難しいのが現状です。

海外の店は大型店が多い

(1)ハイパーマーケット(典型例：カルフール(フランス))

食品中心で、雑貨・衣料・住関連用品など生活全般を網羅する品ぞろえと価格訴求力を持つ形態です。小売業とメーカーとが共同で販売

計画や商品補充するCPFRという仕組みを構築しています。
(2)スーパーセンター（典型例：ウォルマート（アメリカ））
　食料品中心のスーパーマーケットと食料品以外のディスカウントストアをワンフロアに融合した形態です。
(3)キャッシュ＆キャリー（典型例：メトロ（ドイツ））
　小さな事業者の顧客が現金払い（キャッシュ）で買った商品を持ち帰る（キャリー）、現金販売専門店の形態です。
(4)ホールセールクラブ（典型例：コストコ（アメリカ））
　キャッシュ＆キャリーの顧客を、事業者だけでなく、一般消費者にまで広げた形態です。買物をするためには、入会金を支払って会員になることが必要な、会員制卸売クラブです。
(5)複数の混合形態（典型例：テスコ（アメリカ））
　スーパーマーケットやコンビニエンスストアなど複数の形態を混合することで、商品仕入や物流に規模のメリットを出します。

ローカライズ

　外国で成功した企業が日本に進出する際には、次のようなローカライズが必要です。
(1)多頻度小口購買への対応
　日本人はまとめ買いをせずに、少しずつ毎日買物をするため、小さな単位で販売、発注します。
(2)豊富な品ぞろえ
　肉屋や魚屋など、近所の専門店を使い分ける習慣のある日本の買物スタイルに合わせて、1品種当たりの品目数を増やし、1つの大型店で、品種ごとに小さな専門店並の品目が必要になります。
(3)変化のある売場
　少しずつ毎日買物する顧客が、店に飽きないように、ディスプレイやイベント、品ぞろえを常に変化させることが大切です。

小売業の類型—❹

➡ 製造業（メーカー）の流通経路政策

Point　学習のポイント

　メーカーは、小売業が望ましい行動をして経路販売額を増加させるために、取扱い店数、販促協力度、小売価格の3つをコントロールしています。

　メーカーの期待効果のうち、プラスの効果は、製品の差別化や品質の向上、営業体制の整備やロジスティクスにより取扱い店数が増加することです。また、リベートなどの業者向け販売促進活動も小売業の販促協力度の向上につながります。しかしリベートは、販売金額の割戻しのため、メーカーから小売への販売価格を高くするため、マイナス効果にもなります。取扱い店数の増加は、小売業同士の販売競争による製品差別化や値下げにより、販促協力度の低下や小売価格の低下につながります。このような、販売競争による小売業独自の判断を自律効果といいます。

製造業は製品や販促で流通経路を作る

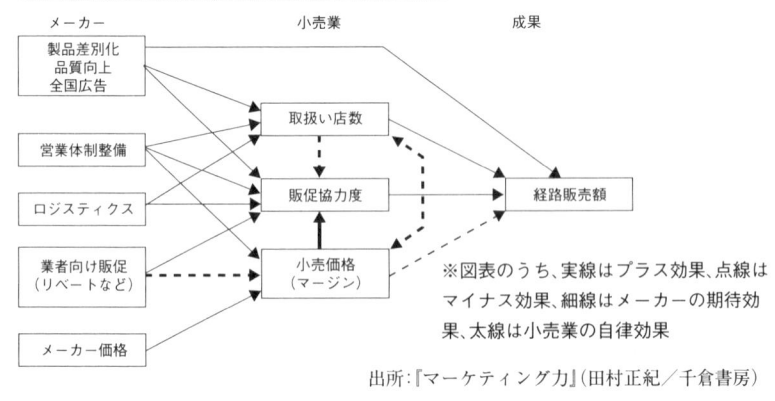

※図表のうち、実線はプラス効果、点線はマイナス効果、細線はメーカーの期待効果、太線は小売業の自律効果

出所：『マーケティング力』（田村正紀／千倉書房）

流通チャネルのコントロール

　製造業は、商品の差別化・営業体制・ロジスティクス（物流体制）・リベートなどの業者向け販売促進・メーカー価格によって、小売業の取扱店数・販売促進の協力度・小売価格（小売業の儲け・マージン）を通じて経路別販売額をコントロールします。リベートは、単なる割引ではありません。例えば、製造業が、自社商品をたくさん売ってくれた流通業者に、その流通業者が製造業者に支払った商品代金の一部を返金することです。リベートの支給は、取引額に応じて支給するものや累進的な数量リベートがあります。リベートには、販売促進目的の売上目標達成や大口取引奨励リベート、製造業への忠誠度を高める目的の専売率や貢献度リベートなどがあります。

流通系列化政策

　製造業は、卸売業や小売業を系列化して、自社商品の流通量を増やしたり、ブランド力を維持したりします。

(1)販社型

　卸売段階を垂直統合して、メーカーの専属販売会社（卸売業）を作ります。最寄品に多い型です。

(2)直販型

　卸売機能を製造業内部で行い、製造業が直接小売業に販売して、小売業をコントロールします。自動車や新聞などに多い型です。

(3)一貫型

　卸売段階を販社型にして、小売段階の店舗を限定して系列化します。家電や化粧品などに多い型です。

(4)代理店・特約店型

　卸売業や小売業と契約を結んで流通段階を管理・統制します。加工食品や日用雑貨などに多い型です。

小売業の類型―❺

卸売業の構造と機能変化

Point 学習のポイント

一般料金で1枚1,000円の特急券が、11枚つづり10,000円の回数券で販売されています。回数券では、1枚当たり約909円（10,000円÷11枚）の特急券になります。チケットショップが、回数券を1枚950円で11人の顧客に販売すると、1枚当たり約41円の儲け（950円－909円）となります。顧客は、一般料金よりも50円安く（1,000円－950円）購入することができます。ここで、チケットショップを卸売業、11人の顧客を小売業とします。顧客が11人集まって回数券を購入すると、一般料金よりも91円安く（1,000円－909円）購入することができます。小売業が大規模になると、卸売業がいなくても安く仕入れられます。

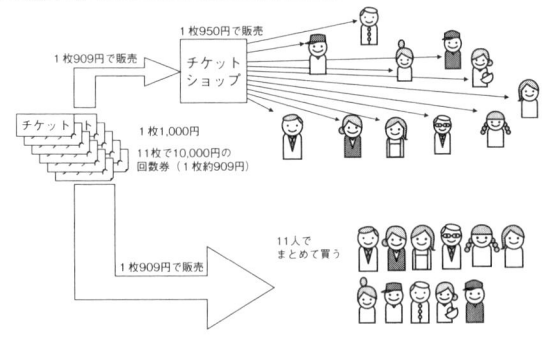

みんなでまとめれば単価が安くなる

卸売業の構造変化

　商業統計によると、日本の卸売業の事業所数・年間商品販売額・就業者数はすべて減少傾向です。事業所数と年間商品販売額との過半数

を中規模（5人〜99人）事業所が占めています。

卸売業の構造変化要因

(1)取引制度の見直し

　消費者の所得の地域格差が大きくなると、店頭での販売価格を日本全国で統一できなくなります。製造業が日本全国で統一した販売価格を決める建値制が崩れて、店が販売価格を決めるオープンプライス制が増えています。

　消費者の好みの差が大きくなる（好みが多様化する）と、1つの品目について、いろいろなメーカーの商品を比べたい顧客が増えてきます。1つのメーカーの製品だけを品ぞろえする代理店や特約店に顧客が集まらず、代理店や特約店の制度が形骸化します。

(2)製造業と小売業との直接取引

　製造業者は、「自社商品100個を1セットで売りたい」と考えます。しかし小売業者は、「違う種類の商品を20個ずつ仕入れたい」と考えます。製造業者と小売業者の考えは異なるため、卸売業者は製造業者から100個1セットずつ商品を仕入れて、仕入れた商品を20個ずつに分割して、違う種類の商品20個ずつを小売業者に販売する小分け機能を持っていました。

　しかし、「100個1セットで買う」大型（大手）小売業者が多くなると、卸売業者の小分け機能が不要になります。

(3)流通情報システムの進展

　EDI（電子データ交換）を使った企業間ネットワークで商品や情報を早く流通させて、流通経路全体で効率化するディマンド（サプライ）チェーンマネジメント（DCM、SCM）やクイックリスポンス（QR：アパレル業界のSCM）が進展するなかで、卸売業にもDCM、SCM、QRに対応することが求められています。

W/R比率

> **Point** 学習のポイント
>
> もし私たちが店舗を経営していたら、100円で仕入れた商品を100円では販売しないでしょう。仕入原価の100円に、自分の店舗の経費と利益を加えて販売します。製造業→卸売業→小売業（店舗）と流通した商品の販売価格には、製造業・卸売業・小売業（店舗）の利益が加えられます。メーカーから直接商品を購入すると、メーカーの利益だけが販売価格に加えられています。メーカーから買えば、販売価格に卸売業・小売業（店舗）の利益が加えられていない分、私たちは、店舗よりも安い販売価格で買うことができます。

流通業者が減ると消費者は安く買うことができる

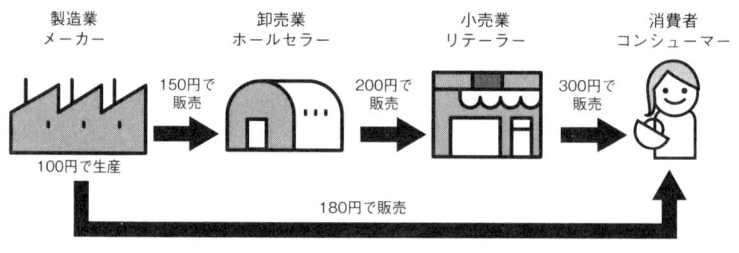

卸売業が多段階になり、製造業→1次卸売業→2次卸売業→小売業（店舗）と経由した商品を店舗で買うと、製造業・1次卸売業・2次卸売業・小売業（店舗）の利益が販売価格に加えられます。卸売業が多段階になると、販売価格に加えられる利益が増えて、販売価格が高くなります。

卸売業の多段階性を表す指標にW/R比率（倍）があります（次ページ参照）。卸売業が多段階になると、卸売業全体の売上が増え、W/R比率が高くなります。日本のW/R比率は低下傾向です。しかし、欧

米より日本のW/R比率は高い水準です。

$$\text{W/R比率} = \frac{\text{W（Wholesale：卸売業）卸売販売額} - \text{輸出向け・産業用販売額}}{\text{R（Retail：小売業）小売販売額}}$$

「W/R」という表記はW（Wholesale：卸売業）が分子で、R（Retail：小売業）が分母であることを示しています。

卸売業に求められる機能

減少している卸売業が生き残るためには、次の機能の強化が大切です。

⑴物流機能

流通の1つである物流機能の強化が求められています。広い範囲に点在する小さな店舗に、商品を少しずつ、何度も納品（多頻度小口納品）したり、複数の商品をまとめて納品（一括納品）したり、複数の卸売業が共同で納品（共同納品）したりします。

⑵情報伝達機能

流通の1つである情報流機能の強化が求められています。消費者が知りたい商品情報や、流通に必要な情報を、EOS（電子発注システム）、VAN（付加価値通信網）、EDIなどのコンピュータネットワークを使って製造業から小売業に伝えます。

⑶リテールサポート機能

店舗は、売れた商品を補充するときに、卸売業から仕入れます。店舗がたくさん売れば、卸売業から仕入れる額も多くなります。卸売業はリテール（小売業）を助けて（サポートして）、小売業との関係を強めたり、売上を増やしたりします。

小売業の類型―❻

➡ サプライチェーンの効率化

Point 学習のポイント

　日本人とアメリカ人とフランス人が共同で作業をするとき、それぞれの母国語で会話をしていたらコミュニケーションがうまくいかず、作業が進みづらくなります。

　サプライチェーンマネジメントにおいても、連携している製造業や卸売業、小売業がそれぞれ異なる方法で仕事をしていたら非効率的です。効率的に業務を進めるために、製造業から消費者までの流通情報や通信方法、データ形式やコード体系などを共通化しています。

　サプライチェーン全体で、売れる商品だけを店頭に陳列する品ぞろえや、売れる量だけ商品を仕入れる、効率的な在庫補充を実現します。

消費者が欲しいものを早く届けるマーケットイン

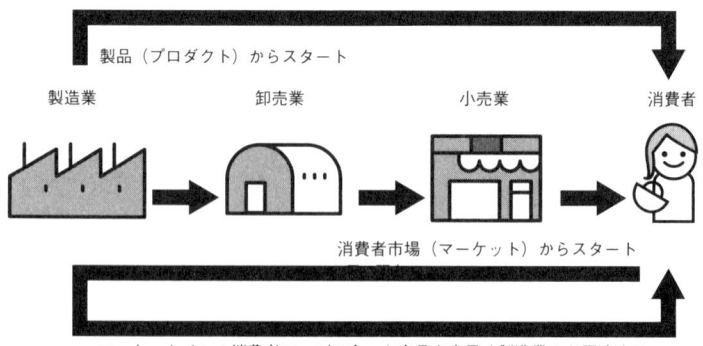

プロダクトアウトとマーケットイン

「プロダクトアウト」は、製造業が製造したものを売りさばく「製品志向」の考え方です。「マーケットイン」は、売れる商品を製造する「市場志向」の考え方です。どんどんモノが売れる経済成長期の流通は、製造業が生産した商品を、卸売業や小売業が、製造業の販売代理として、消費者に売りさばくプロダクトアウトの考え方でした。しかし、モノが売れない経済成熟期の現在の流通は、売れる商品を製造するマーケットインの考え方が大切です。「何が売れる商品か」の情報を持っているのは顧客と接している小売業です。各小売業が集めた「売れる商品」の情報を卸売業がまとめて、どんな商品を作れば売れるのかを考え、卸売業が考えた商品を製造業が作ります。

夏に買いたい商品と秋に買いたい商品とは違います。時間が経てば「売れる商品」は変わります。小売業が集めた「売れる商品」を早く作らないと、商品が完成したときには「売れない商品」になります。そこで、情報や提案を早く送ったり処理できるように、情報や提案にはコンピュータネットワークを使います。

企業間の共通化

(1)流通情報の共通化

サプライチェーンマネジメントでは、情報流の情報や、その情報の項目を共通化します。情報流の情報には取引情報・物流情報・市場情報・販売促進情報があります。

(2)通信方法の共通化

製造業・卸売業・小売業間で情報や提案を早く交換するための企業間コンピュータネットワークをEDIといいます。コンピュータネットワークを使って情報や提案を交換するためには、その項目の並び順などのデータ形式や業者コードなどの共通化も大切です。

小売業の類型 ― ❼

組織形態別小売業の特性

  学習のポイント

　1個200円の大福が10個まとめて1,000円で購入できるように、たくさん仕入れると仕入単価が安くなります。少しだけしか仕入れない店舗は、店舗同士が集まって、たくさん注文しようと考えます。店舗同士が集まることを「組織化」といいます。組織化には、共通の目的を持った仲間同士が自主的に集まるボランタリーチェーン（VC）と、集団のリーダーである本部と契約して集まるフランチャイズチェーン（FC）と、1つの会社の中で支店同士が集まるレギュラーチェーン（RC）とがあります。

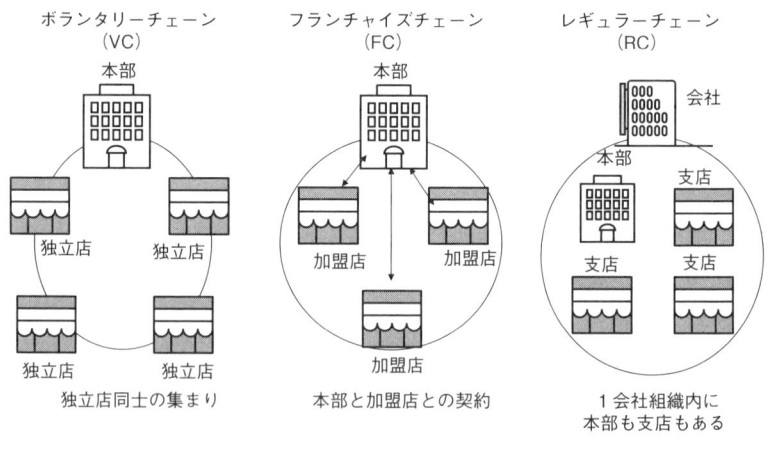

VCは自立的、FCは契約で集まる

組織小売業とは何か

　組織小売業はチェーン店のイメージです。複数の店舗が同じ名前の看板を出して、仕入や店の運営方法について規格化（統一化）された共通の基盤を活用して経営を行う形態です。

ボランタリーチェーンの特性

(1)ボランタリーチェーンとは何か

　ボランタリーチェーン（VC）は、資本的に独立した複数の中小小売業が、主に商品の共同仕入を目的として、自主的・自発的に集まった共同組織です。ボランタリーチェーンには、卸売業が自社の販売先小売業を集める卸主宰型と、店同士が自主的・自発的に集まる小売主宰型とがあります。

(2)ボランタリーチェーンの目的

①各店が集まって努力（共同の努力）することで、卸売業との取引条件を有利にする垂直的統合の利益を追求します

②各店が同じように店を運営し、加盟店の競争力を高めます

③消費者ニーズの変化に的確、迅速に対応し、顧客満足を高めます

(3)ボランタリーチェーンの原則

①共同の原則：本部は加盟店を助けたり指導して、加盟店は、本部の助けや指導を積極的に活用します。本部は各加盟店の状況を収集・分析して、結果を加盟店にフィードバックします。

②利益性の原則：本部は加盟店の利益確保のために活動して、本部の利益は加盟店に還元します。

③調整の原則：本部は、加盟店同士のいき過ぎた競争を調整して、加盟店の利益を守ります。

④地域社会への貢献の原則：加盟店は地域社会に貢献して、地域の住民から信頼されるようにします。

フランチャイズチェーンの特性

Point 学習のポイント

フランチャイズチェーンは、本部(フランチャイザー)が、加盟店を募集し、応募した加盟店と本部との間でフランチャイズ契約を結ぶチェーン組織です。フランチャイズ契約では、本部から加盟店に、商品・経営ノウハウ・商標などを提供して、加盟店から本部に経営指導料(ロイヤルティ)を支払うことが決められています。加盟店を巡回して指導する人をスーパーバイザーといいます。

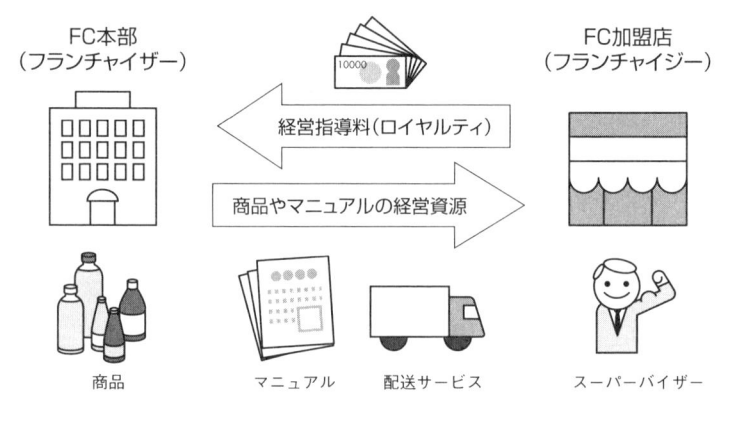

FC本部は経営資源を提供して経営指導料を受取る

フランチャイズチェーンのメリットとデメリット

(1)フランチャイズチェーンのメリット

本部は、本部自身が店舗を出店しなくても、チェーン店を増やせます。加盟店は、経営ノウハウや商品を利用できるので、開店時の労力や、失敗する危険性を減らすことができます。

(2)フランチャイズチェーンのデメリット

　本部は、収益が上がらない地域から撤退したくても加盟店との契約で撤退できない、出店したい地域から加盟店の応募がないなど、加盟店の配置が計画どおりにいかないことがあります。加盟店は、本部が作成したフランチャイズ契約を受け入れるので、本当に必要な支援が受けられなかったり、加盟店の創意工夫による売場の変更が禁止されたりすることがあります。

VCとFCとの共通点と相違点

(1)VCとFCとの共通点
①チェーンオペレーションによる規模のメリットを追求する営利組織
　複数の店舗が集まって、仕入や従業員教育、POP広告などを行なうことで、1店舗で負担する費用が減ります。
②資本的に独立した中小小売店の集合体
　資本が別々の店舗が集まっています。
(2)VCとFCとの相違点
①組織の構成の仕組み
　VCは店舗の自発的な意思によって加盟店になります。FCは本部と1対1で契約した加盟店が集まっています。自発的な集まりのVCでは、加盟店が本部の経営に参加することがあります。
②加盟店同士の関係
　自発的な意思によって集まっているVCでは、加盟店同士の交流があります。本部と1対1で契約しているだけのFCでは、加盟店同士の交流がありません。
③本部の立場
　VCの本部は、加盟店が集まって設立されます。FCの本部は、本部として独立した企業です。FCでは、店舗と資本関係がない本部が、加盟店との契約によって、加盟店を一方的に管理します。

レギュラーチェーンの特性

Point 学習のポイント

　ある地域にチェーン展開したいときに、ボランタリーチェーン（VC）やフランチャイズチェーン（FC）では、その地域に「加盟店になりたい」という店舗がなかったら展開できません。出店希望の店舗がないと、本部が直接運営する店（直営店）を出店することになります。本部と直営店とのチェーンをレギュラーチェーン（RC）といいます。

RCは直営店だけなので自由に出店できる

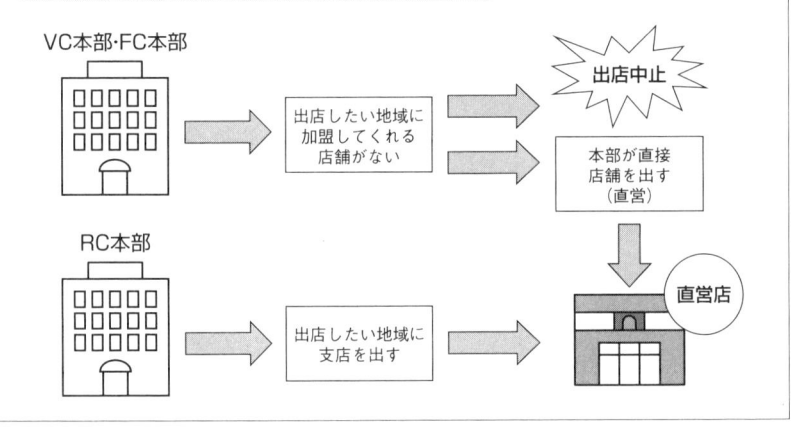

```
VC本部・FC本部 → 出店したい地域に加盟してくれる店舗がない → 出店中止
                                                    → 本部が直接店舗を出す（直営）→ 直営店

RC本部 → 出店したい地域に支店を出す → 直営店
```

(1) レギュラーチェーンとは何か

　レギュラーチェーンは、同じ会社の支店としての店舗が11店以上あるチェーンです。同一（単一）資本系列で結ばれた11以上の店舗が、中央本部の規制のもとに規格化された経営原則にもとづき、商品およびサービスの提供を画一的直営店舗運営によって行う小売形態で、コーポレートチェーンともいわれます。

(2) レギュラーチェーンの特徴

　レギュラーチェーンのすべての店舗は、本部が直接運営（直営）し

ています。各店舗は本部の指示を忠実に実行し、売上や利益の責任は本部にあります。最近は、地域の状況によって、店舗が臨機応変にサービスを提供できるような改革が行われています。

(3) ドミナント出店

レギュラーチェーンは、本部の直営であるため、本部が統制できる地域に集中的に出店する傾向があります。レギュラーチェーンには、特定地域に集中的に出店する「ドミナント型」が多いです。

COOPの特性

(1) COOPとは何か

製造業が100個1セットで販売したいときに、100個購入する卸売業や、10個ずつ購入する小売業が10店舗集まった組織小売業と同様に、1個ずつ購入する消費者が100人集まった組織でも製造業から直接購入することができます。消費者が集まって、農家などの生産者から大量に野菜などを買う組織をCOOP（生活協同組合）といいます。

(2) COOPの特徴

COOPは、地域の消費者が集まって、生産者や製造業者から共同購入します。COOPへの加入や脱退は自由です。

(3) 個配

共同購入の場合、共同集配所に運ばれた商品の中から、会員自身が自分の購入した商品を自宅まで運んでいました。しかし、現在では共同購入した商品を、会員の各家庭まで運ぶ「個配」が増えています。

(4) コープネット

会員の規模を確保したり、取扱商品を増やしたりするために、複数のCOOPが共同するコープネットがあります。

小売業の類型―❽

➡ 専門店

Point　学習のポイント

「専門店」といわれたら、どんな店舗をイメージしますか？ 地元の駅前に昔からある肉屋や本屋は「肉専門店」「本専門店」です。照明や洗濯機、携帯電話や携帯プレーヤー、テレビやオーディオ、レコーダーなど、たくさんの商品がある比較的大きな店は「家電専門店」といわれます。専門店は、ある特定分野の商品ラインに取扱いを限定して品ぞろえする店舗です。「ある特定分野」をどのように決定するかで「専門店」の規模は変わってきます。

業態店はお客に合わせた専門性

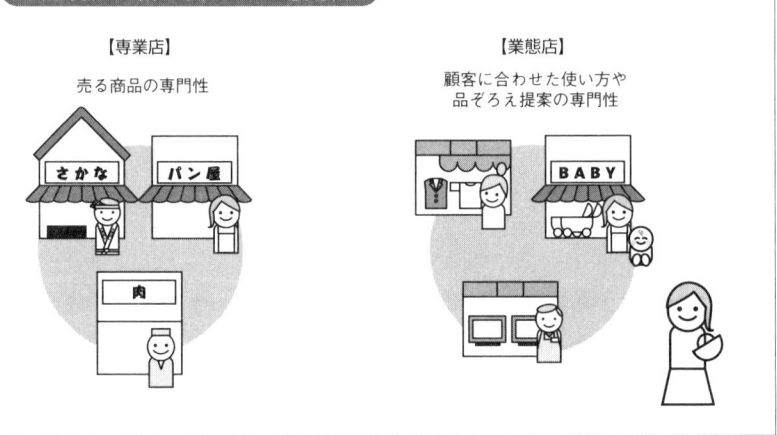

【専業店】
売る商品の専門性

【業態店】
顧客に合わせた使い方や品ぞろえ提案の専門性

専門店の分類

(1)専業店と業態店

　主に駅前などの商店街にある小さな肉屋や魚屋、本屋など「売る商品」自体に専門性を持つ店を専業店といいます。郊外や大型店のテナ

ントとして比較的大きな店舗を出店して、家電やカジュアルウェアなど比較的広い「商品分野」の品ぞろえと「使い方や生活の提案」とに専門性を持つ店舗を業態店といいます。

(2)都市型と郊外型

　駅周辺や住宅地などのように人が集まりやすい場所に出店する専門店を都市型といいます。車で行かなければならないような郊外に出店する専門店を郊外型といいます。専業店は都市型が多いです。一方、居住地が都市から郊外に移っている現在では、郊外でも人が多く集まります。広い品ぞろえや使い方などの提案には大きな店舗が適しているため、最近は郊外型の業態店の業績が好調です。

商品政策

　商品政策では、商品の種類（品種）の豊富さを「広い・狭い」で表現し、品種の中の色やサイズ（品目：SKU）の豊富さを「深い・浅い」で表現します。

(1)ライフスタイルアソートメント型

　商品の種類を限定しないで、店が対象としている顧客のライフスタイルに合うような品ぞろえをします。ファッション衣料専門店ならば、シャツや帽子、パンツ、ソックスなど品種は増えますが、品種ごとの色やサイズなどの品目（SKU）を絞り込みます。顧客は１つの店舗でトータルコーディネートが実現できます。広くて浅い品ぞろえによって、顧客の利便性を強化して生き残ろうとする商品政策です。

(2)リミテッド＆ディプス型

　品種を限定して、品種ごとの色やサイズなどの品目（SKU）を増やします。例えば、ファッション衣料の中でもソックスに限定して、素材・色・サイズ・長さ・デザインなどが異なるソックスを多数そろえる店舗です。狭くて深い品ぞろえによって、品ぞろえの専門性を強化して生き残ろうとする商品政策です。

小売業の類型―❾

⮕ 百貨店

Point 学習のポイント

「百貨店」といわれたら、高級ブランド品を、親切なサービスと高い価格で販売している大都市の駅前の店舗をイメージすることでしょう。百貨店には、店舗販売以外に顧客の自宅や会社に出向いて商品を直接販売する外商部門があります。

店員の多くが卸売業や製造業からの派遣店員で、売れた商品だけを百貨店の仕入にする消化仕入をしてきました。消化仕入により顧客ニーズ情報が把握できず、百貨店の販売力が落ちてきました。そこで、百貨店自身が品ぞろえや販売に責任を持ち、商品を買取仕入して自身の責任で販売する「自主マーチャンダイジング」を推進する百貨店が増えています。

自主マーチャンダイジングで顧客ニーズ情報を百貨店に蓄積する

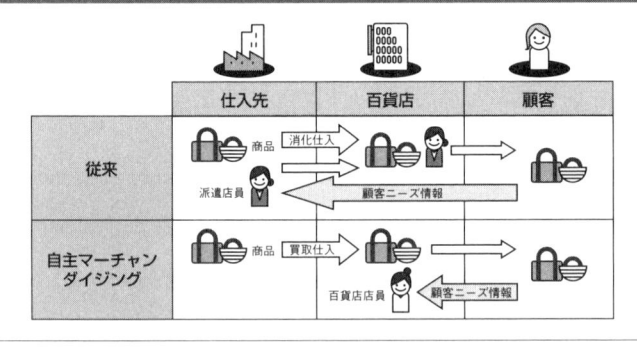

	仕入先	百貨店	顧客
従来	商品 → 消化仕入 / 派遣店員	→ / ← 顧客ニーズ情報	
自主マーチャンダイジング	商品 → 買取仕入	→ / 百貨店店員 ← 顧客ニーズ情報	

百貨店の組織

(1) 販売部門（売場）

来店客への販売や集客、販売に関係する業務を行います。社内販売

資格制度などを導入することで商品の専門知識と接客技能とを備えた販売員の育成に力を入れています。

(2)外商部門

個人客や法人客への訪問販売を担当します。

(3)商品本部

仕入・商品開発・品ぞろえという仕入関連全般を担当します。

(4)販売推進部門

販売計画の立案と計画達成のための販売促進を担当します。

(5)経営企画部門

経営戦略や設備投資、出店計画などの企画を担当します。

商品政策

(1)仕入方式

買取仕入	商品を仕入先から買い取ります。返品しないので、商品のロスや売れ残りリスクは百貨店が負います
委託仕入	商品供給者から販売委託された商品を店が売ります。店は商品を仕入れたり、販売代金を売上にしたりしません。販売した分の販売手数料を受取ります
消化仕入	仕入先企業が保有している商品を、百貨店の売場で、仕入先企業から派遣された販売員が販売します。商品が売れた後、売れた商品を、百貨店が仕入れたことにする方式です。商品のロスや売れ残りリスクは仕入先企業が負います

(2)自主マーチャンダイジング（自主MD）

　消化仕入と派遣店員による販売とをくり返すと、販売や品ぞろえのノウハウが百貨店に残らず、百貨店の販売力が低下します。百貨店は買取仕入や商品開発などの自主MDによって百貨店の販売力を強化しようとしています。買取仕入の自主MDを自主編集MDといい、商品開発の自主MDを自主開発MDといいます。

小売業の類型―❿

● 総合品ぞろえスーパー（GMS）

Point 学習のポイント

　生活必需品を購入するとき、1つのカテゴリーを扱う店舗が複数並んでいる商店街と、1つの店舗の中に様々な商品が並んでいる総合品ぞろえスーパー（GMS）では、どちらを選択しますか。意見は様々ですが、1箇所で何でも揃うため、GMSのほうが便利です。ここでは、GMSの特徴や、店舗、立地、商品の特徴について学習しましょう。

運営の特徴

　GMSは、集中管理のための本部を設置しています。また、本部機能と店舗を分離し、仕入の集中と販売の分散を実行するチェーンオペレーションを行っています。GMSは、衣料品、食料品、生活関連商品などの生活に必要な商品を1つの店舗で購入できるというワンストップショッピングが可能であることが特徴です。

店舗・立地特性

　GMSの店舗の特徴として、ワンストップショッピング機能を促進するために大型化することが挙げられます。

　GMSは、高度経済成長に伴い発展してきました。その際、モータリゼーションが進展したことにより、大規模な駐車場を備えた本格的郊外型立地のGMSが登場しました。そこでは、GMSが直営売場を運営し、その周囲に専門店を配置する共同出店が行われました。GMSは、ショッピングセンターにおけるディベロッパーのような役

割も担ってきたのです。

商品政策

　GMSの品ぞろえは、衣料品・食料品・生活関連商品などを一堂に集めたワンストップショッピング機能が特徴です。発展段階ではフルラインの商品構成と低価格による訴求力を高めてきましたが、今日ではさらなる低価格を実現するディスカウントストア（DS）の台頭や各種コストの増加などの理由から、GMSの価格帯は適正といえる水準に移行しています。

GMSの品ぞろえは企業によって変化してきている

従来 ── 各企業、ほぼ均一的な商品構成

| 衣料品 1/3 | 食料品 1/3 | 生活関連商品 1/3 |

↓

現在 ── 企業によって商品構成に違いがでてきている

| 衣料品 | 食料品 | 生活関連商品 |

○企業によって商品構成割合が異なる
○採算部門、不採算部門を見極めて、不採算部門をカットする
○PB（プライベートブランド）商品、
　SB（ストアブランド）商品の導入

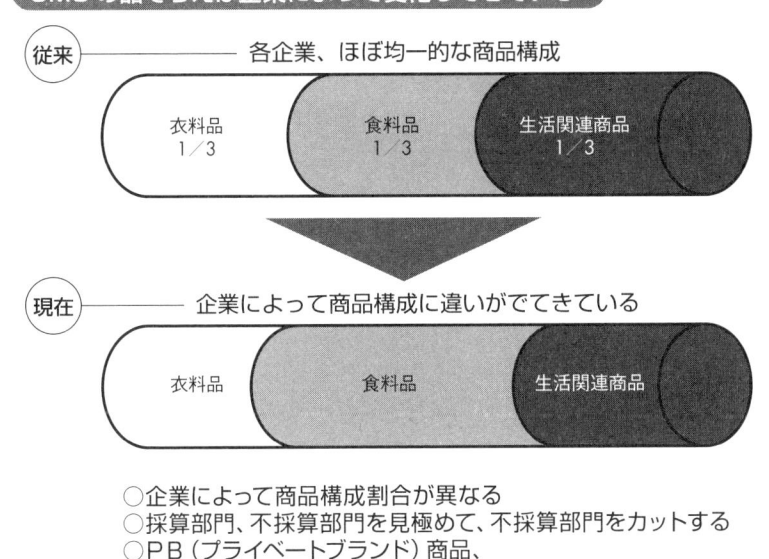

小売業の類型—⑪

●スーパーマーケット（SM）

Point 学習のポイント

　生鮮食料品の買物で便利な店舗といえば、スーパーマーケットを思い浮かべるのではないでしょうか。しかし、一概にスーパーマーケットといっても、店舗、立地には様々なタイプがあり、品ぞろえも店によって異なります。
　ここでは、スーパーマーケットの運営の特徴、店舗・立地特性、商品政策について学習しましょう。

運営の特徴

　生鮮商品を中心にセルフサービスの方式で販売する業態で、食料品のワンストップショッピングを可能にしました。生鮮食料品やグローサリーを取り扱います。グローサリーとは、一般食品、一部の雑貨商品・実用衣料などの生活関連商品のことです。

店舗・立地特性

　スーパーマーケットは、次のようなタイプがあります。
(1) スーパーレット
　小型形態のスーパーマーケットです。住宅地の近くや、最寄品を中心に取り扱う商店街の中の立地です。
(2)（標準スタイルの）スーパーマーケット
　標準的な規模で、住宅地に隣接する準郊外型の立地が中心となります。

(3)スーパーストア

　大型のスーパーマーケットです。郊外に立地し、ホームセンターなどと近隣型ショッピングセンター（NCS）を形成しています。

(4)コンビネーションストア

　医薬品などを取り扱うスーパーマーケットです。郊外や近隣型ショッピングセンターの中に立地しています。

スーパーマーケット店舗レイアウト（例）

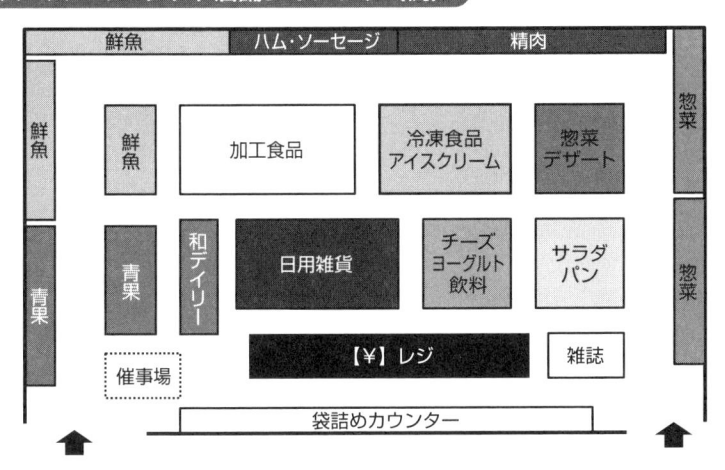

```
┌─────────────────────────────────────────────┐
│    鮮魚    │   ハム・ソーセージ  │   精肉    │
├───┬─────┬──────────┬──────────┬─────────┬───┤
│鮮 │ 鮮  │          │ 冷凍食品  │  惣菜   │惣 │
│魚 │ 魚  │  加工食品 │アイスクリーム│ デザート │菜 │
│   │     │          │          │         │   │
│   ├─────┼───┬──────┼──────────┼─────────┤   │
│青 │ 青  │和 │      │  チーズ  │ サラダ  │惣 │
│果 │ 果  │デ │日用雑貨│ヨーグルト│  パン   │菜 │
│   │     │イ │      │   飲料   │         │   │
│   │     │リ │      │          │         │   │
│   │     │ー │      │          │         │   │
│   ├─────┼───┴──────┴──────────┼─────────┤   │
│   │催事場│      【¥】レジ       │  雑誌   │   │
│   │     ├──────────────────────┴─────────┤   │
│   │     │        袋詰めカウンター         │   │
└───┴─────┴─────────────────────────────────┴───┘
```

商品政策

　食料品の総合品ぞろえがスーパーマーケットにおける商品構成の特徴です。通常、スーパーマーケットの売上構成比率は50％以上が、生鮮食料品となっています。

　食のオケージョン（機会・状況）に合わせて、メニュー提案コーナーを売場に常設し、買物をサポートするサービスの強化や、ミールソリューション（食料品の買物解決）として、すぐに食べられる惣菜を強化するスーパーマーケット・チェーンも増加しています。

　また、オリジナルの惣菜が小売店のロイヤルティを高めるための商材として注目されています。

小売業の類型—⓬

ホームセンター（HC）

Point 学習のポイント

ホームセンター（HC）は、昭和47年（1972年）に第1号店ができた比較的新しい業態です。日曜大工用品の専門店としてスタートしました。現在では、日用品も取り扱う大型店舗が主流になっています。ここでは、ホームセンターの運営の特徴、店舗・立地特性、商品政策について学習しましょう。

運営の特徴

ホームセンターとは、DIY商品を中心とする生活関連用品を幅広く品ぞろえしている、セルフサービス方式の小売業態です。

ホームセンターの運営は、2つのタイプに大別されます。

(1) バラエティ型ホームセンター

消耗雑貨用品や飲料水などのコモディティ商品中心の品ぞろえです。来店率アップを図るとともに、店舗の標準化、効率化の追求によりチェーンオペレーションの強化を徹底していることが特徴です。

(2) DIY志向型ホームセンター

本部による集中仕入に加えて、店舗が独自に仕入を行っています。取り扱いアイテム数が多く、商品回転率が遅い金物類（部品）が多く、在庫管理、商品管理が難しいという特性から、チェーンオペレーションを基本としながらも、支店経営的な権限を店舗に付与しています。

店舗・立地特性

基本的に郊外のロードサイドに立地し、大型で駐車場を備えていることが特徴です。

ホームセンター店舗レイアウト（例）

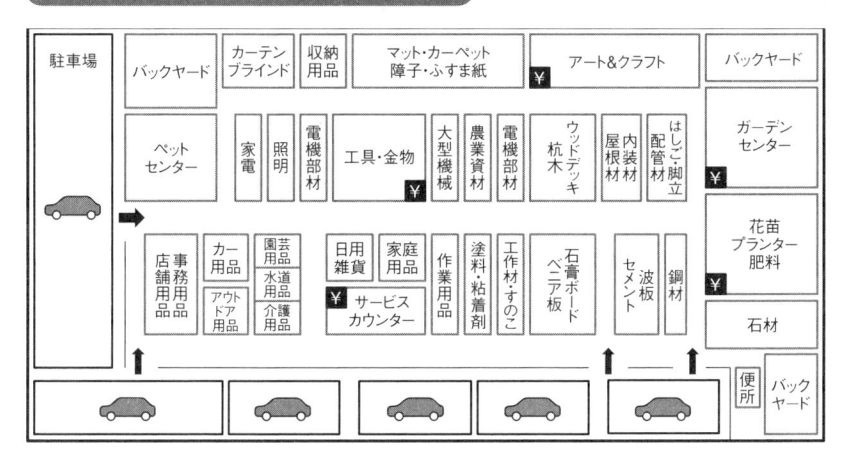

```
駐車場 | バックヤード | カーテン・ブラインド | 収納用品 | マット・カーペット 障子・ふすま紙 | ¥ | アート&クラフト | バックヤード
       | ペットセンター | 家電 | 照明 | 電機部材 | 工具・金物 ¥ | 大型機械 | 農業資材 | 電機部材 | ウッドデッキ 杭木 | 屋根材 | 内装材 配管材 | はしご・脚立 ¥ | ガーデンセンター
       | 店事務舗用用品 | カー用品 アウトドア用品 | 園芸用品 水道用品 介護用品 | 日用雑貨 | ¥ サービスカウンター | 家庭用品 | 作業用品 | 塗料・粘着剤 | 工作材・すのこ ベニア板 | 石膏ボード セメント | 波板 | 鋼材 ¥ | 花苗 プランター 肥料 石材
                                                                                                                                                                                                                      | 便所 | バックヤード
```

商品政策

商品構成は、バラエティ型とDIY志向型で大きく異なります。

(1)バラエティ型ホームセンター

日用雑貨を中心とした商品構成が中心です。日用雑貨を低価格で販売することで集客を行い、粗利益率が高いDIY用品で収益を上げてきました。近年、日用品を低価格で提供する大型ドラッグストアの台頭により、差別化を図るためにDIY用品を強化する傾向にあります。

(2)DIY志向型ホームセンター

金物・工具・資材・農具などのDIY商品が中心です。

小売業の類型—⓭

ドラッグストア（DgS）

Point 学習のポイント

　最近のドラッグストア（DgS）は、単に薬を取り扱っているだけでなく、日用品や化粧品など様々な商品を取り扱っています。「薬を販売するという本来の薬局」から、より健康でより快適に生活するための商品を販売するドラッグストアへと変わってきています。ここでは、ドラッグストアの運営の特徴、店舗・立地特性、商品政策について学習しましょう。

運営の特徴

　ドラッグストアとは、調剤（処方箋薬）を基本としてH＆BC（ヘルス＆ビューティケア）カテゴリーを中心に品ぞろえをしたセミ・セルフサービスを実施している小売形態を指します。H＆BCカテゴリーとは、健康・美容に関連する商品群のことを指し、一般的には、大衆薬、健康食品、化粧品などを含みます。

　ドラッグストアの運営では、医薬品の取り扱い方が重要です。以前は、薬事法の規制によって、薬局・薬店の各店舗で最低1名の薬剤師が医薬品を現場で管理しなければならない義務がありました。しかし、「薬事法の一部を改正する法律」の施行によって、2009年6月から、一般用医薬品（大衆薬）の販売制度が変更されました。従来、調剤薬局やドラッグストア等、薬局で取り扱っていた一般用医薬品がリスクに応じて3つの類型に分類され、2類、3類の医薬品については、薬剤師以外でも登録販売者の有資格者がアドバイスできるようになりました。そのため、コンビニエンスストア等の薬局以外の小売店での取

り扱いが可能になりました。

店舗・立地特性

ドラッグストアを売場面積によって店舗タイプ、立地の特徴、品ぞろえの概要を区別すると、次のとおりになります。

店舗タイプ別の特徴

店舗タイプ	立地	品ぞろえの概要
小型タイプ	・駅前 ・商店街	医薬品、化粧品などドラッグストアとして、最低限を品ぞろえしている
中型タイプ	・都市の市街地 ・郊外	医薬品、化粧品の品ぞろえを強化し、日用雑貨、飲料、加工食品なども品ぞろえしている
大型タイプ	・郊外 ・ルーラルエリア （過疎地）	中型タイプの品ぞろえに加えて、衣料品、日配品なども品ぞろえしている

商品政策

ドラッグストアの商品構成は、薬だけではなく多岐にわたるのが特徴です。しかし、立地や商圏の状況、顧客の特性によって店舗で品ぞろえする商品カテゴリーが変わるため、品ぞろえとして統一されたものはありません。例えば、大都市中心部で展開する店舗と、ルーラルエリア（過疎地）で展開する店舗では、次のような特徴の違いがあります。

ドラッグストアの店舗タイプ別の特徴

出店場所	店舗面積	商圏の広さ	品ぞろえ
大都市部	狭い	狭い	・H&BCに特化
ルーラルエリア （過疎地）	広い	広い	・食品 ・日用衣料品 ・家庭用電気製品 ・H&BC

小売業の類型―⓮

◯ コンビニエンスストア（CVS）

Point 学習のポイント

　コンビニエンスストア（CVS）は、1970年代以降、2000年代前半まで成長を続けてきました。第1号店といわれているセブン-イレブン豊洲店が開店してから、様々な試行錯誤がくり返され、現在の24時間営業、年中無休、フランチャイズ・システムなどの仕組みが確立されました。ここでは、コンビニエンスストアの運営の特徴、店舗・立地特性、商品政策について学習しましょう。

運営の特徴

　コンビニエンスストアの運営の大きな特徴は、フランチャイズ・システムを導入していることです。本部が店舗開発、運営、商品提供、

コンビニエンスストアチェーンの運営の特徴

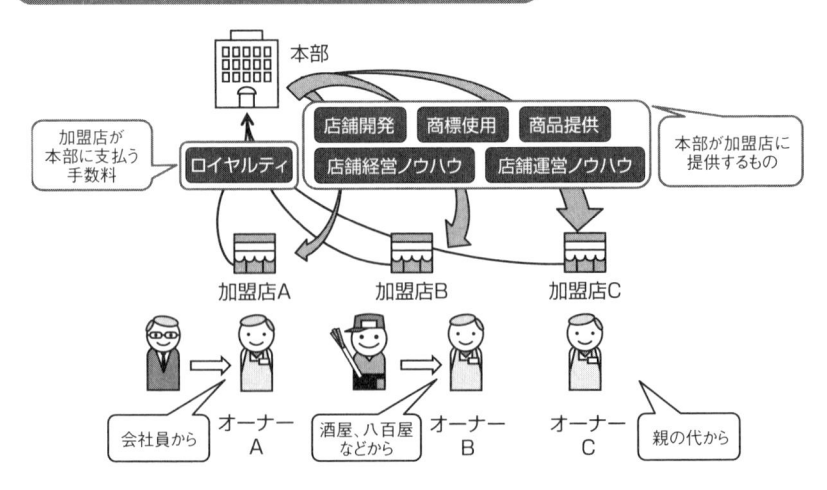

本部

加盟店が本部に支払う手数料 → ロイヤルティ

本部が加盟店に提供するもの：店舗開発、商標使用、商品提供、店舗経営ノウハウ、店舗運営ノウハウ

加盟店A　加盟店B　加盟店C

オーナーA（会社員から）
オーナーB（酒屋、八百屋などから）
オーナーC（親の代から）

経営相談などの店舗経営、運営を支援するノウハウを加盟店に提供し、加盟店は対価としてロイヤルティ（経営指導料）を支払います。

　加盟店のオーナーは、酒屋などの業種店の経営者から転身を図る人、会社員から転身を図る人など様々です。

店舗・立地特性

　コンビニエンスストアの店舗の大きな特徴は、売場面積30坪という店舗基準を守っていることです。面積が小さな土地にも出店が可能になるために、柔軟に出店戦略を考えることができます。

商品政策

　コンビニエンスストアでは、食品のグローサリー商品が中心で、弁当、おにぎり、ファストフード、飲料などの商品で構成されています。また各企業とも、自社のオリジナル商品として開発した商品を取り扱っており、コンビニエンスストアでは、開発力が商品政策の要になっているといえます。

　商品政策のさらに大きな特徴は、単品管理を行っていることです。30坪という限られた売場面積なので、3,000アイテムに限定し、売れ筋商品を徹底的に強化し、死に筋商品は素早く取り扱いを中止します。

　新商品の投入と、単品管理による死に筋商品のカットによって、3,000アイテムの3分の2が1年間のうちに入れ替わる高速回転が特徴です。

小売業の類型―⑮

➡ スーパーセンター(SuC)

Point 学習のポイント

スーパーセンター（SuC）は、世界第1位の小売企業であるウォルマート・ストアーズ社が開発した店舗名「スーパーセンター」に由来するといわれています。現在、日本で展開するスーパーセンターの大部分が、ローコスト型フルライン・ディスカウントストアであるウォルマートのスーパーセンターを模倣しています。ここでは、スーパーセンターの運営の特徴、店舗・立地特性、商品政策について学習しましょう。

運営の特徴

スーパーセンターの運営の特徴は、エブリデイ・ロープライス（EDLP）という価格政策です。EDLPとは、すべての商品を毎日、低価格で販売するやり方のことです。そのためには、店舗運営で発生する費用を毎日、低く抑えるというエブリディ・ローコストが前提になります。チラシ広告に頼らずに、常に低価格を維持することによって集客力を高めることに特徴があります。

スーパーマーケットを中心に実施されている、日替わり、週替わりで同じ商品の価格を変えることや、目玉商品を低価格で販売することで集客を図るハイ＆ロー（Hi-Lo）政策とは対照的です。

Hi-Lo 価格政策と EDLP 政策

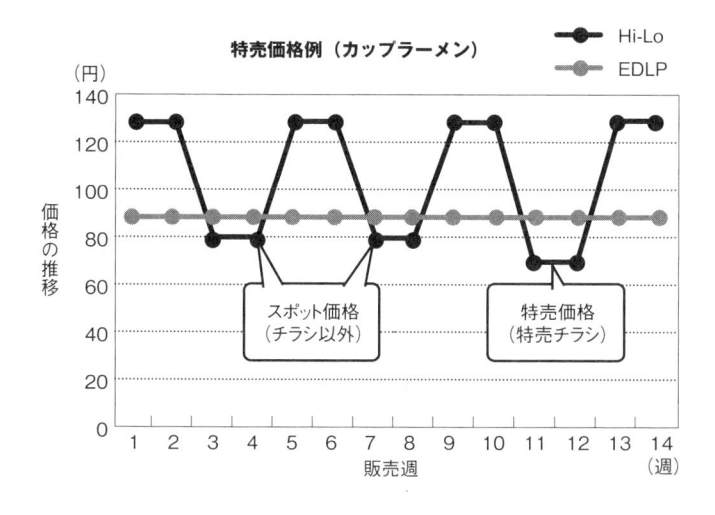

特売価格例（カップラーメン）

（円）／価格の推移：Hi-Lo、EDLP

スポット価格（チラシ以外）
特売価格（特売チラシ）

販売週（週）

店舗・立地特性

　スーパーセンターは、1階建てのワンフロアという特徴があります。基本的には、エレベーターやエスカレーターで上下の移動をする必要がないため、消費者にとって大型カートを利用して効率的に買物ができるというメリットがあります。一方で、広大な面積の1階建て大型店舗を設置することは、地価の高い都市部では難しく、ルーラルエリア（過疎地）中心に立地しています。

商品政策

　「安さ」によって消費者に来店を訴求する EDLP の価格政策を行っているスーパーセンターでは、「安さ」を演出するための仕掛けを実施する必要があります。代表的なものに次のような仕掛けがあります。

名称	内容
先制攻撃型セール	新規出店の時に、競合店の価格より低価格で販売する方法
週替わり特売品	毎週、別の特売品を用意し、展開する方法

小売業の類型―⑯

➡チェーンストアの特性

Point 学習のポイント

みなさんが町で見かけるスーパーマーケットやコンビニエンスストア（CVS）は、大きく分類するとチェーンストアにあたります。チェーンストアとは、1店舗では実施することができないことに、組織化することで適応していこうという経営の形態です。ここでは、チェーンストアの要素、単純で合理的な組織構築のための原則について学習しましょう。

チェーンストアの要素

チェーンストアの重要な要素として次のものが挙げられます。

(1)規格化、標準化、単純化

チェーンストアの大原則が、規格化、標準化、単純化です。

原則	内容
規格化	一定の原則・基準にもとづいて、店舗や商品などを整備すること
標準化	大量販売を行うために、商品や売り方などを統一し、共通の商品と品ぞろえで対応すること
単純化	標準化を進める際に、規格統一を行いやすいように、運営技術をシンプルにすること

(2)マス・マーチャンダイザー

大量の買い付け力を有し、商品計画を立案して大量販売を実行するプロセスを称して、マス・マーチャンダイジングと呼びます。このマス・マーチャンダイジングを実施することで、小売業を牽引してきた百貨店以上の売上を上げるチェーンストアが登場しました。このよう

な小売店のことをマス・マーチャンダイザーといいます。
(3)チェーンストアの産業化

　チェーンストアが目指す方向は、消費者の生活に画期的な変化をもたらすことや、生活の向上を促進することです。そのために、規格化、標準化、単純化することによって経営形態を確立し、地位の向上を図ります。最終的に、1つの産業として認識されることが大きな目標といえます。

単純で合理的な組織構築のための原則

①専門化（スペシャライゼーション）
　従業員に対して、1～2つだけに業務を絞って割り当てることです。従業員は、短時間でそのセクションの専門的知識を習得できます。
②責任と権限の明確化
　従業員に対して販売目標の達成、部下の育成などの責任を与えると共に、それらを遂行するための権限を与えることが重要です。
③命令系統の統一化
　指示・命令系統を明確に統一することで、管理者と部下の双方への混乱をなくし、良好な関係形成を促進します。
④管理・調整範囲の確定
　管理者1人当たりの従業員数を制限し、適正人数を効果的に管理・指導することで、人時生産性を高めていきます。
⑤店舗運営責任の決定
　専門化によって業務を遂行している従業員を取りまとめるため、異なる業務領域に責任を持つ管理者を複数、養成する必要があります。ここでの管理者は、マネジャークラスを指します。

小売業の類型―⓱

❯ チェーンオペレーションの原則

Point 学習のポイント

　チェーンストアの店舗の外観や内装、レイアウト、業務のやり方などを標準化することを、チェーンオペレーションといいます。チェーンオペレーションによって、本部は多数の店舗を管理できます。ここでは、チェーンオペレーションの基本的な要素である、ローコストオペレーションの推進方法とセントラルバイング・システムの特徴について学習しましょう。

ローコストオペレーションの推進方法

　ローコストオペレーションは、成長が見込めない状況にあっても、利益が出る仕組みのことです。生産性を高めることであり、単なる人件費削減によって利益を出すことではありません。

　ローコストオペレーションの構築には、次の留意点があります。

(1)標準化政策の徹底

　店舗規模、店舗形状、品ぞろえ、ゾーニング・レイアウト、運営方法などを標準化することによって、費用や手間を省くことができます。

(2)物流システムの構築

　回数を増やして1回の納品量を少なくすることで、柔軟に対応できる多頻度小口納品が可能な物流体制を構築することが不可欠です。

(3)商品回転率の向上

　品ぞろえを豊富にすると、商品在庫が増えるため、商品の回転率が低くなる傾向があり、商品回転率を上げる工夫が必要です。

(4)従業員の計画的配置

　従業員が、どこで何の作業をするか計画的に考えて、適正に配置することが、ローコストオペレーションの原点です。

(5)パートタイマーの活用

　小売業は、曜日や時間帯の忙しさに応じて従業員の数を変化させることが重要です。柔軟な計画のために、パートタイマーの採用比率を高めることが有効です。

セントラルバイング・システムの特徴

　チェーンストアでは、各店舗の仕入を本部が一括して実行します。これを、セントラルバイング・システム（本部集中仕入方式）といいます。仕入コストを引き下げることを狙いとしています。

セントラルバイング・システムの概要

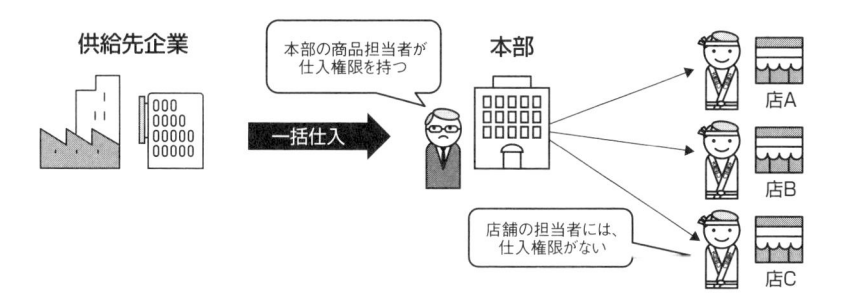

メリット
・専門化によって本部が顧客ニーズを捉えた仕入業務に専念できる
・全店舗共通の大型プロモーションが実施できる
・専門化によって、PB商品を開発する能力が高まる
デメリット
・個別店舗の特徴を消し、品ぞろえが同質化する
・仕入れて売る全体のプロセスの責任の所在が不明確になる
・本部から一方的に商品を送り込み、売れ残りが発生する

小売業の類型―⑱

▶中小小売業の課題と方向性

Point 学習のポイント

みなさんは、町の小さな肉屋と、スーパーマーケットのどちらを多く利用していますか。現在、肉屋のような業種型店舗の業績は、スーパーマーケットのような業態型店舗のチェーンストアと比べて厳しい状況です。また、同じチェーンストアでも中小チェーンは、大規模チェーンと比べて厳しい傾向にあります。ここでは、中小小売業が競争に生き残るための存立基盤や情報化について学習しましょう。

中小小売業の存立基盤

厳しい環境の中、中小小売業が生き残るためには、自店の存立基盤を見直し、再構築することが不可欠です。見直すポイントとして、次のものが挙げられます。
(1)経営スタイルの確立
　地域における自店のアイデンティティ（自分らしさ）を確立する必要があります。
(2)業態の確立
　中小小売業の中では、業種型小売店よりも業態志向小売店が成長しています。業態とは、誰に、何を、どのように買ってもらうかの仕組みをつくり、実行することです。中小小売店は、自社の業態を模索し確立することが不可欠になってきています。
(3)計画的で継続的な店舗改装
　店舗が古くなると、それだけで顧客への訴求力が低下するため、継

続的に店舗改装を行う必要があります。
(4)商店街の活性化
　自店の収益を改善するためには、その母体となる商店街の魅力を高めて、活性化することが不可欠です。
(5) その他
　売場面積20坪以上、従業員6名以下の企業的組織、元気な街に立地などの特徴を持つ店舗が成長しています。

中小小売業、成長店と衰退店の傾向

成長店の傾向
- 店長
- 社員
- パート
- 20坪以上
- 6名以上の企業的組織
- 元気な街

衰退店の傾向
- 20坪未満
- 店長
- 知り合い
- 家族
- 5名以下の家業的体制
- 活気がない街

中小小売業の情報化

　中小小売業が情報化を進めるには、他の中小小売業との連携が必要です。連携には、商店街、小売市場などの「地域的連携」と、同業種協同組合などの「水平的連携」の方向があります。

小売業の類型—⑲

商店街の運営特性

Point 学習のポイント

日本のショッピングの中心に位置してきた自然発生的な商店街は、計画的に開発されたショッピングセンターの台頭などの要因から厳しい環境にあり、大多数が停滞、衰退という状況です。ここでは、商店街の環境変化の実態や、停滞、衰退の要因、組織と取り組みについて学習しましょう。

商店街の環境変化の実態

中小企業庁実施の「商店街実態調査」では、商店街の低迷が顕著に現れています。近隣型、地域型の狭域型商圏の商店街ほど業況は厳しく、超広域型商圏の商店街は比較的、業況がよい傾向にあります。

特に、商圏が狭く人口が少ない地域の商店街ほど空き店舗の割合が多く、商圏の広さと空き店舗の割合は反比例しています。

商店街の停滞、衰退の要因

商店街が低迷している要因は、次のとおりです。
(1)内部要因
①各店舗の経営者が高齢化しているにもかかわらず、後継者やリーダーなどの人材が不足している。
②生業店が多く、投資に対する意欲や資金が不足しているために、消費者のニーズに対応できていない。
③店舗が共同した形での催事、販促活動を実施できていない。
(2)外部要因

①消費者のライフスタイルが変化し、ニーズが多様化し、余暇時間も増えたため、地元の商店街に足を運ばなくなった。
②モータリゼーションが進展し、郊外店舗に買物に行くようになった。
③インターネットでの情報が購入の判断材料になってきた。

商店街の組織と取り組み

商店街の組織には、次のような法人組織があります。
(1) **商店街振興組合**……中小小売業、大規模小売業、銀行、一般の住民などが参加可能な商店街の法人組織
(2) **商店街振興組合連合会**……2つ以上の商店街振興組合によって設立される法人組織
(3) **事業協同組合**……中小規模の商業、工業、鉱業、運送業、サービス業その他の事業を行う者が対象で、4人以上で設立可能な法人組織
(4) **事業協同組合連合会**……2つ以上の事業協同組合によって設立される法人組織

商店街振興組合と事業協同組合の制度比較

商店街振興組合	事業協同組合
【発起人の数】 7人以上	【発起人の数】 4人以上
【組合員資格】 地区内で小売商業またはサービス業を営む者および定款で定めたときはこれ以外の者	【組合員資格】 地区内の小規模事業者（おおむね中小企業者）
【設立要件】 市（都の特別区を含む）の区域を地区として小売商業またはサービス業を営む事業者の30人以上が近接してその事業を営むこと	【設立要件】 4人以上の事業者が参加すること
【事業】 商店街の環境整備 共同経済事業	【事業】 組合員の事業を支援する共同事業

小売業の類型—⑳

ショッピングセンターの課題と方向性

Point 学習のポイント

昭和44年（1969年）に、アメリカを見本にした日本で初めてのショッピングセンター（SC）として、玉川高島屋SCが生まれました。その後、ショッピングセンターの建設は、郊外を中心に急速に拡大しています。ここでは、ショッピングセンターの種類と形態について学習しましょう。

ショッピングセンターの種類

SCには、基本的に次の4つの種類があります。
(1) NSC（ネイバーフッドSC）
　消費者が、日常生活を送る上で必要な食品や雑貨を取り扱う小売店が中心です。スーパーマーケットとドラッグストアなどが核店舗となります。
(2) CSC（コミュニティSC）
　必需品に加え、日常的な衣料品、家電、家具を取り扱う小売店が中心です。ディスカウントストア（DS）、総合品ぞろえスーパー、スーパーストア（GMS）などが核店舗となります。
(3) RSC（リージョナルSC）
　生活必需品ではなく、ファッション性の高い衣料品、雑貨、家具などを取り扱う小売店が中心です。DS、GMS、百貨店、大型専門店などが核店舗となります。
(4) SRSC（スーパーリージョナルSC）
　生活必需品ではなく、生活における楽しさや快適さを得るための専

門品を取り扱う小売店が中心です。DS、GMS、百貨店、大型専門店などが核店舗となります。RSCよりも核店舗の数が増加します。

ショッピングセンターの形態

SCの形態には、モールとストリップセンターの2つの形式があります。

(1)モール

1つの建物の真ん中に大きなモール（通路）があり、その両側に小売店が立ち並びます。モールの両端にはGMS、百貨店などの核店舗があります。モールには、次の2つのタイプがあります。

①オープンモール

天井がなく、日光が直接入ってきます。

②エンクローズドモール

天井があり、SC全体にエアーコンディショナーがきいています。

(2)ストリップセンター

駐車場の前に1つひとつの店舗が並んでいます。店舗は隣接しているものの、独立して出入り口があります。自分の目当ての店舗の前で駐車できる利便性が特徴です。

ショッピングセンターの形態

モール

核店舗｜テナント｜モール（通路）｜テナント｜核店舗

ストリップセンター

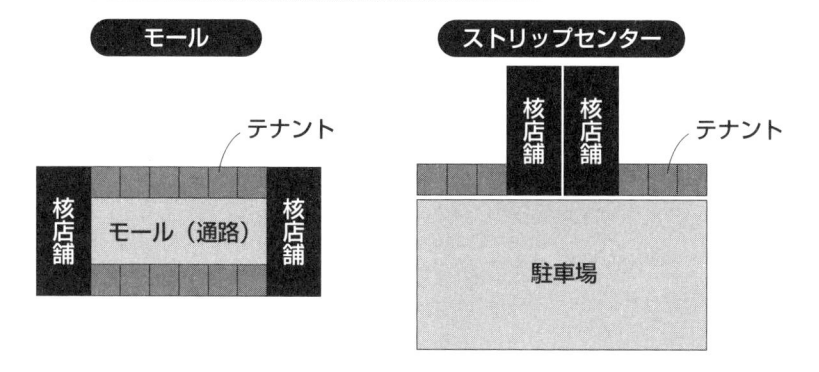

核店舗｜核店舗｜テナント｜駐車場

第 **2** 章

マーチャンダイジング

マーチャンダイジング―❶

経営環境変化と進化するマーチャンダイジング

Point 学習のポイント

　どこの小売店に買物に行くかを考えるときに、どのような商品が置かれているかは、重要な選択基準になります。小売店が、顧客に支持される商品を取り扱うためには、何を仕入れるかだけでなく、時期、数量、価格など、様々なことに注意を払う必要があります。ここでは、マーチャンダイジングの基本的な考え方について学習しましょう。

マーチャンダイジングの定義

　マーチャンダイジングは、商品政策と訳され、売れるための商品づくりや品ぞろえのことを表します。マーチャンダイジングとは、適正な商品を、適正な場所に、適正な時期に、適正な数量、適正な価格で提供する諸計画と定義されており、これらは「5つの適正」といわれています。

(1)適正な商品

　その小売店の顧客のニーズに沿い、満足感を得られるような商品のことをいいます。

(2)適正な場所

　小売店にとって販売しやすい場所であり、顧客にとって買物をしやすい場所や空間のことをいいます。

(3)適正な時期

　年末、年始、クリスマス、バレンタインデーなど、顧客が特定の商

品を買いたいと思う時期のことをいいます。

(4)適正な数量

欠品や在庫の過剰が起こらないように、販売する数量に適した在庫量を維持することをいいます。

(5)適正な価格

価格が安いことだけでなく、商品の価値に対して納得できる価格を設定することをいいます。

マーチャンダイジング・サイクル

小売店が5つの適正を意識しながら商品を仕入れるためには、まず商品計画を立てる必要があります。商品計画から始まる、商品政策のための業務の流れを、マーチャンダイジング・サイクルと呼びます。

マーチャンダイジングの構成要素と全体像

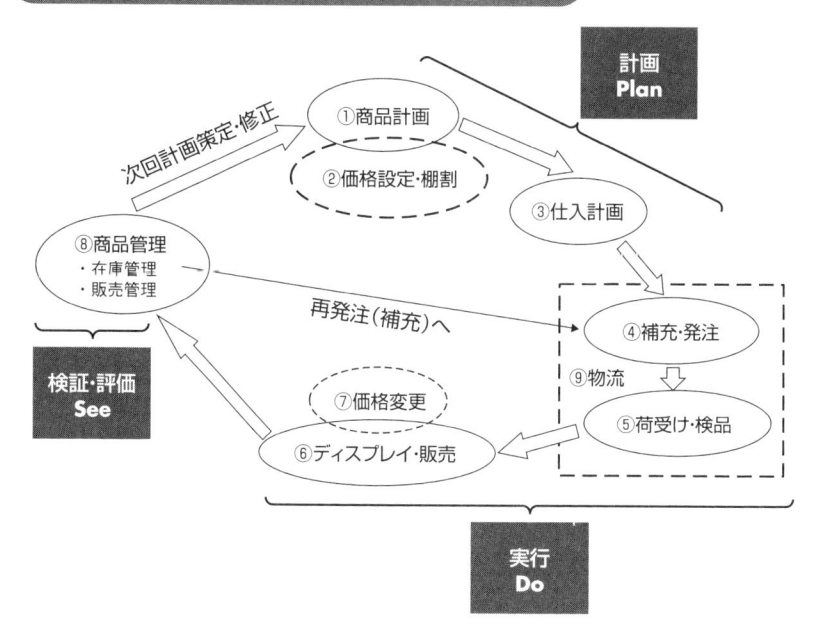

計画 Plan
①商品計画
次回計画策定・修正
②価格設定・棚割
③仕入計画
⑧商品管理
・在庫管理
・販売管理
再発注(補充)へ
④補充・発注
⑨物流
⑤荷受け・検品
検証・評価 See
⑦価格変更
⑥ディスプレイ・販売
実行 Do

出典:『販売士検定試験2級ハンドブック』(日本商工会議所・全国商工会連合会編)に加筆修正

マーチャンダイジング—❷

マーチャンダイジングと競争戦略

Point　学習のポイント

　近年、小売業界では店舗数が過剰になり、競争が激化しています。かつては、中小小売店と大型店の間の競争でしたが、現在は大型店間でも競争が激しくなっています。中小小売店はもちろん、大型店にとっても激しい競争にどのように対処していくかを考えることは、重要な問題です。ここでは、小売業の競争戦略の考え方について学習しましょう。

5つの競争要因

　企業の競争戦略の考え方に、5つの競争要因があります。その5つとは、①新規参入の脅威、②企業間の敵対関係、③代替製品からの圧力、④買い手の交渉力、⑤売り手の交渉力をいいます。各要因について、小売店のケースで考えると次のようになります。

(1)新規参入の脅威

　ある商圏に新たな小売店が参入してきたとき、その商圏内の既存の小売店との間で競争が発生します。

(2)既存競争業者の間の敵対関係

　同一商圏内にある店舗間では、常に競争状態が続いています。特に価格競争は小売業において多く発生します。

(3)代替製品からの圧力

　すべての小売店は、他の業態の小売店との競争に晒されています。生活関連用品も含めた衣食住の商品を取り扱うGMSにとって、生活

関連用品を深く取りそろえるホームセンターは競合になります。
(4)買い手の交渉力

小売業の買い手である消費者は、互いに競争している小売店の品ぞろえや価格、サービスを比較しながら、小売店を選びます。
(5)売り手の交渉力

その商品が希少である場合や特殊である場合、その商品を仕入れようとする小売店に対して力を持ちます。

3つの基本戦略

5つの競争要因に対応する戦略として、3つの基本戦略があります。
(1)コストリーダーシップ……コスト面で、競合企業よりも優位に立つ戦略です。低コストの体制を社内に作ることで、価格競争に勝ち抜くことができる
(2)差別化……自社の製品やサービスを差別化して、競合他社とは異なる独自の価値（特異性）を顧客に提供することを基本とした戦略
(3)集中……特定の顧客、製品、地域などに焦点を絞って企業の資源を集中して効率的な競争状況を作り出すことを基本とした戦略

3つの基本戦略

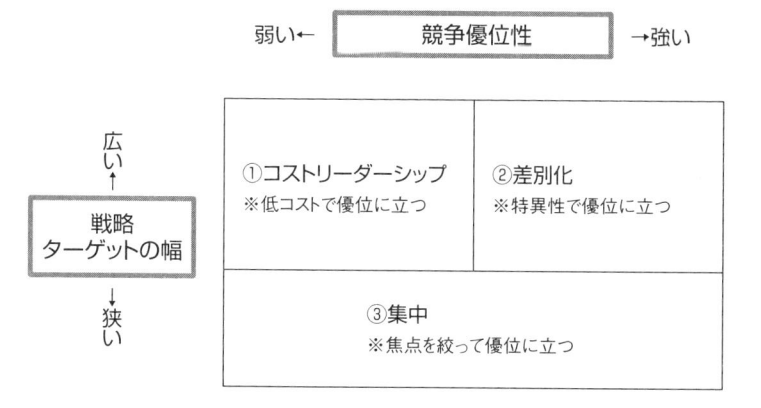

戦略ターゲットの幅	競争優位性 弱い← →強い	
広い	①コストリーダーシップ ※低コストで優位に立つ	②差別化 ※特異性で優位に立つ
狭い	③集中 ※焦点を絞って優位に立つ	

出典：『競争優位の戦略』(M.E. ポーター)を基に加筆修正

マーチャンダイジング—❸

➡ ITの進展とマーチャンダイジング

Point 学習のポイント

　小売店では、どの商品がいつ、いくつ、いくら売れたかがわかるITの仕組みが導入されています。こうしたデータは、上手に活用することで欠品の防止や売れ筋商品の確保など、様々なメリットを生み出します。日本の小売業界にとって、ITは欠かせないものです。ここでは、小売店のITの基本的要素であるPOSシステム、EOS、EDIについて学習しましょう。

POSシステム

　POSシステムは、大手コンビニエンスストア・チェーンを中心に発展してきました。

POSシステムの構成要素

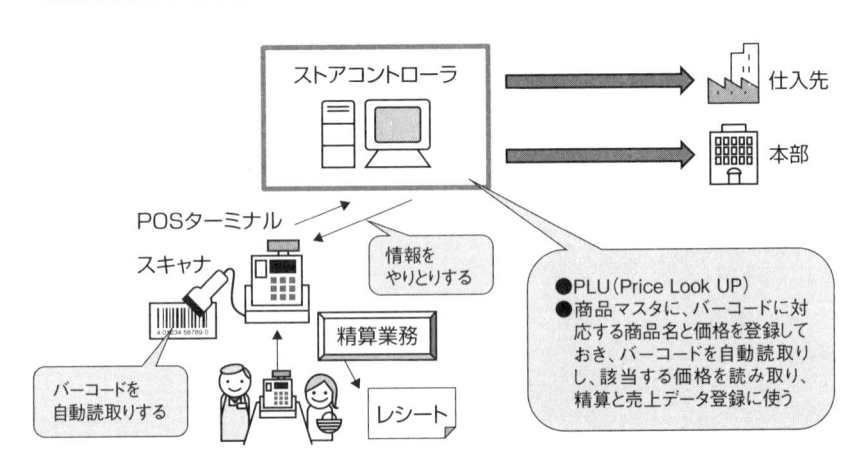

- ストアコントローラ → 仕入先
- → 本部
- POSターミナル
- スキャナ
- 情報をやりとりする
- 精算業務
- バーコードを自動読取りする
- レシート
- ●PLU(Price Look UP)
- ●商品マスタに、バーコードに対応する商品名と価格を登録しておき、バーコードを自動読取りし、該当する価格を読み取り、精算と売上データ登録に使う

(1) バーコード（JANコード）

バーコード（JANコード）は、標準タイプで13桁と短縮タイプで8桁の2種類があり、日本の国コードは「49」、もしくは「45」で表します。

(2) ソースマーキング

製造元でバーコードを印字することをいいます。1980年代初頭にメーカーによるソースマーキングの導入が進んだことにより、本格的にPOSシステムの普及が進みました。

(3) POSシステム導入の効果

小売業は、店頭でのレジ業務を合理化できるというハードメリットと、商品の単品管理というソフトメリットを得ることができます。

売れ筋や死に筋の商品管理などの全単品販売情報が即時に把握できるようになりました。

EOS

EOSは、企業間の受発注を電子データでやりとりができるシステムで、コンビニエンスストア・チェーンを中心に発展してきました。

ペーパー帳票による電話やファックスでの受発注に比べて、大量で多様なデータを正確、迅速に送受信できるようになりました。

EOSは、企業内の店舗と本部間での企業内ネットワークから、直接取引先に発注する企業間ネットワークに移ってきています。

EDI

EDIとは、電子データ・システムによる情報の交換のことをいいます。EDIでは、標準的なプロトコル（通信規約）を用いるため、異なる複数の企業間でも自由にデータ交換ができるようになりました。

マーチャンダイジング—❹

商品知識の活用方法

Point 学習のポイント

小売店を選択するときの重要な基準は、取り扱っている商品の豊富さや品ぞろえのよさではないでしょうか。商品が市場で存続するためには、消費者に評価される必要があります。また、小売店がよい商品を仕入れるためには、商品の特徴を把握し、必要な情報を分析し、商品コンセプトを定める必要があります。ここでは、商品の評価、マーチャンダイジングに必要な情報、商品コンセプトについて学習しましょう。

商品の評価

消費者は、商品を選ぶとき、使用目的に合っているか、使用することで満足感が得られるかという質的評価の高さを判断基準にしています。商品の価格などのコスト的評価を合わせて購入するかを判断します。

(1)質的評価対象

品質には一次、二次、三次の3段階の評価があります。

一次品質	機能・性能など
二次品質	個人的な生活や感性面のフィット感など
三次品質	社会的な意味など

(2)コスト的評価対象

購買価格に対する商品の品質の高さより、購買価格も含めたすべての買物コストに対する商品の品質の高さを評価の対象にします。

マーチャンダイジングに必要な情報

マーチャンダイジングに必要な情報には、「商品情報」、「消費者情報」、「販売情報」があります。

商品情報・消費者情報・販売情報

商品情報	機能情報	商品の機能と性能に関する情報
	売上・市場情報	・商品の売上の情報（売上情報） ・商品や市場全体の動向に関する情報（市場情報）
	使用・利用情報	商品の使用・利用状況に関する情報
	法的・制度的情報	商品の製造・販売・使用に関する法律（法的規制）や、各業界の独自の規制や制度に関する情報
消費者情報	自社で商品を購入したことのある消費者の情報 ⇒年齢、性別、購入商品（購入履歴）、好み　など	
	自社で商品を購入したことのない消費者の情報 ⇒ターゲット層の動向　など	
販売情報	商品販売につながる情報 ⇒小売業が商品を販売する際の判断材料 　消費者が商品を購入する際のアドバイス	

商品コンセプト

商品コンセプトとは、この商品がどのような商品か、誰が使うのか、消費者にとってのメリットは何か、などを簡潔に表現したものです。

小売店が商品コンセプトを決めるときに次の要素を考慮します。

① Who（誰に）：標的顧客

商品はどのような特性の消費者に販売するのか。

② What（何を）：顧客ニーズ

標的顧客のどのようなニーズを満たすのか。

③ How（どのように）：独自能力

顧客ニーズを満たすための自社にある技術やノウハウ。

マーチャンダイジング—❺

◆仕入業務と仕入情報

Point 学習のポイント

品ぞろえを魅力的にするためには、商品知識に加えて、仕入業務や仕入情報をしっかりと把握して取り組むことが重要です。ここでは、取扱面からみた商品類型と小売店の対応、プロダクト・ライフサイクルからみた商品分類と小売店の留意点について学習しましょう。

取扱面からみた商品類型と小売店の対応

取扱面からみた商品類型は、取扱期間による商品分類と商品政策による商品分類の2つに分けられます。各分類の分類名、分類の内容、小売店の対応は次のとおりです。

分類の基準	分類名	分類の内容	小売店の対応
取扱期間による分類	定番商品	一定期間、継続して補充・発注を行う商品	品目ごとの定期チェック。売れ筋の把握。品切れの防止。売れ残りを避ける方法の開拓
	季節商品	ある期間に計画的に集中して販売する商品	商品の入れ替え時期、期間中の販売予測
	流行商品	流行に適合させて短期集中仕入と重点的販売活動を行う商品	流行期間が終わる時期の把握。販売と仕入の連携による、過大投資の防止
	臨時商品	特別な催し物に合わせて期間を限定して販売する商品	実施期間への適合。期間中の売上予測。顧客へのアピール方法の開拓

商品政策	重点商品	小売店で最も力を注いで販売する商品	ディスプレイ方法の指定。POP広告による演出強化。セールスポイントの訴求
	主力商品	小売店の中心となる商品	ディスプレイ場所の移動
	補完商品	補完関係にある特定の商品と並行して売上が増大する商品	定期的な在庫のチェックによる欠品の防止
	その他	委託販売商品、消化販売商品	売れ筋商品の把握と迅速な商品補充体制の構築

プロダクト・ライフサイクルからみた商品分類と小売店の留意点

プロダクト・ライフサイクルに対応した5つの商品分類と、それに伴う小売店の留意点は次のとおりです。

分類名	商品の特徴	小売店の留意点
開発期商品	開発段階にある商品	メーカーが検討している売出時期、売出価格、売出方法などについての情報を把握する
導入期商品	発売されたばかりの商品	広告や販売促進活動によってブランド名、商品名などを強力に訴求する
成長期商品	販売額が急激に増加している商品	売場で量販体制を整備し、欠品を予防する
成熟期商品	成長期から売上の伸びが鈍化した商品	売れ行きを保つために、特典や景品をつけるなどの延命策を施す
衰退期商品	流行遅れ、新商品の出現によって市場性が低下した商品	取り扱いを中止する商品を把握し、在庫の売り切りを適時に低コストで実施する。原価割れの値引き策を講じても、在庫一掃までの時間を短縮する

マーチャンダイジング—❻

仕入における消費財の特性

Point 学習のポイント

　小売店に買物に行ったときに、何種類の商品が陳列されているかを考えてみてください。多種多様な商品が店頭に並んでいることでしょう。小売店は、多種多様な商品の中から、売れ筋商品を把握し、しっかりと品ぞろえしなければなりません。また、商品群を一定の基準で分類することで、商品の性格を理解しやすくし、それに合わせて発注をする必要があります。ここでは、単品の売れ筋、単品の死に筋、消費財の分類、最寄品の仕入時の留意点、ベーシック・ストック・リストについて学習しましょう。

単品の売れ筋

(1)単品の売れ筋の把握

　小売業では、単品の売れ筋を把握する必要があります。理由は次のとおりです。

①毎日の発注の精度を高め、品切れによる販売機会のロスを防ぐため
②毎日の単品別の在庫変化を把握し、単品ごとの最低在庫と最高在庫を決定することにより、在庫を適正に保つため
③毎日の単品別の販売データから利益管理に必要なデータを作成し、売場の変更や品ぞろえの方針の策定に活かすため

(2)売れ筋商品の発見方法

　小売業の売れ筋商品の発見方法には、次のものがあります。

①店舗の外の出来事を観察する

競合他店のリサーチ、話題性、ファッション雑誌の情報などから、予測する。
②販売データの分析
商品カテゴリー別の単品の売上動向をPOSデータで確認し、売れ筋商品を発見する。特に、伸び率が高い商品は、誰が、いつ、どのような理由で購買しているかを店頭で確認する。

単品の死に筋

死に筋商品には、様々な発生パターンがあります。発生原因は次のとおりです。
①仕入段階での選定ミス
仕入と販売を分業する小売店で、仕入担当者が、売場の担当者の意見を考慮せずに仕入れ、死に筋になる。
②初回仕入数量の過剰
契約時の初回仕入数量が、店舗の販売許容量を大きく超えることで、売れ残りが発生し、死に筋になる。
③１回当たり発注数量の過剰
販売予測数量を大きく上回る発注によって売れ残り商品が累積し、死に筋になる。
④成熟期から衰退期に移行する際の商品発注
売れ行きのピークに差しかかっていて、売れ行きが下降するため、発注した商品が売れ残り、死に筋になる。

消費財の分類

消費財には、購買慣習からみた、次の分類があります。
(1)最寄品
消費者の購入する頻度は高いが、客単価は低く、購買を決定するまでに消費者がかける労力、費用、時間などは最小限になります。

(2)買回品（ショッピンググッズ）

　消費者の購入する頻度は低く、人によって好みが異なります。消費者は、自分の趣向と適合するかを比較検討して、時間、費用、労力を多少かけても、納得できる商品を購入します。

(3)専門品

　消費者の購入する頻度は買回品よりも低く、ブランドロイヤルティやストアロイヤルティが購入に大きく影響します。計画的に商品情報や店舗情報を収集し、消費者は購入する商品の決定までに、時間、費用、労力をかけることを惜しみません。

最寄品、買回品、専門品の主な特徴

最寄品	●使用頻度、消耗頻度、購買頻度が高い、どこでも価格に大差ない ●住居に近い最寄のところで時間や労力をかけずに購入する ●商品回転率は高く、粗利益率が低い
買回品	●比較的高価、消費者が商品を比較的理解している ●いくつかの店舗を買い回って価格や品質を比較検討する ●商品回転率は低く、粗利益率が高い
専門品	●価格がかなり高く、購買頻度は極めて低い、多くの時間と手間をかけて検討する ●専門的なアドバイスや情報が大きな役割を果たす ●商品回転率は低く、粗利益率が高い

最寄品の仕入時の留意点

最寄品の仕入を行うときの留意点は次のとおりです。

①一般に、単価や粗利益率は、買回品と比較して低い

②消耗品、生活必需品が多いため、価格の需要弾力性が買回品と比較して低い

③消費者の購入は、定期的で反復的であり、頻度がかなり高い

④消費者が購入するまでの労力を最小限に抑えるため、近くの小売店で購入する傾向が強い

⑤メーカー数は多く、商品のバリエーションは多くない

ベーシック・ストック・リスト

　最寄品特性に適合した仕入のための管理手法として、ベーシック・ストック・リストが一般的に利用されています。

(1)ベーシック・ストック・リストの項目

　ベーシック・ストック・リストには、メーカー名、ブランド名、商品の種類名、品目番号などが明記され、品目ごとに「仕入原価と販売価格」、「週当たり販売計画数量」、「発注期間」、「発注後入荷までの納品期間」、「最大在庫数量と最小在庫数量」などの項目が記入できるようになっています。

(2)ベーシック・ストック・リストの特徴

①通常は1年単位で策定する（シーズン性の高い商品カテゴリーは除く）。

②リードタイムも含めた商品の流れを継続的に追うことができるため、適正な再発注の数量や時期を把握しやすく、品切れを防止できる。

③商品の回転率にもとづく仕入補充のタイミングがつかみやすい。

④安定的に売れている商品は再発注業務を定型化できるため、効率的な運用ができる。

マーチャンダイジング—❼

商品計画

Point 学習のポイント

　小売店では、経営方針や戦略目標など、目指していく姿を定めて、それを品ぞろえに反映していくことが大切です。商品のカテゴリーは、バランスよく調整ができているか、品ぞろえによって消費者に店舗のコンセプトを主張できているか、が重要です。ここでは、品ぞろえにとって重要な、商品計画上の留意点と計画作成のプロセス、商品計画に密接に関わる指標の交叉比率について学習しましょう。

商品計画上の留意点

　商品計画を作成する際には、商品カテゴリーの役割を理解する必要があります。
　そのためには、小売店が取り扱う商品が、消費者に対してどのような役割を果たすかを考える必要があります。役割には「安さを打ち出す」、「楽しさを打ち出す」「安心を打ち出す」「個性を打ち出す」「回転率を高め、資金を生み出す」などがあります。

商品計画作成のプロセス

　商品計画のプロセスは、次のようになります。
(1)過去の実績の評価
　主に、過去の実績として、「過去数年間の商品計画の販売結果」「業界に対する自社の水準」「社内の目標予算に対する結果」などを評価

する必要があります。

(2) 現状判断

主に、流行や消費者の期待、メーカーの新商品などについて判断する必要があります。

(3) 目標の設定

過去の実績をもとに、今期の改善実施の有無や、現況の判断から影響度を分析し、目標を設定します。

(4) 実行手段の決定

「仕入先企業」「店内の売場配置」「導入期、繁忙期、処分期」「プロモーション」などの実行手段を決定する必要があります。

(5) 実施と調整

天候や地域情勢などで商品計画が予定どおりに実施できない、また、予定どおりに推移しても計画自体が不適切だった際は、迅速に計画の変更や修正を行う必要があります。

(6) 結果の分析

次年度の売上、利益を向上させるために結果を分析します。

①営業数値の分析（売上高昨年対比、粗利益率昨年対比など）
②品ぞろえの分析（計画の達成度合、重点商品の強化など）
③売場づくり、プロモーションの分析（売場、ディスプレイなど）
④業界比較、競争店比較、仕入先比較（カテゴリー比較など）

交叉比率

商品計画を行う際に、考える必要がある指標として、一定期間の在庫から何倍の粗利益高を稼いだかを表す交叉比率が挙げられます。

$$交叉比率 = 粗利益率 \times 商品回転率 = 粗利益高 \div 平均在庫高$$

交叉比率は、数値が大きいほど健全といえます。

マーチャンダイジング—❽

商品カテゴリー構成

Point 学習のポイント

小売店には、快適な店舗で自由に選べる楽しさを消費者に提供する役割があるため、商品の選びやすさや買い求めやすさという、顧客の視点に立った品ぞろえを行う必要があります。そのために、一定の基準にもとづいて商品を分類(商品構成)して売場に配分していきます。ここでは、商品構成の原則、商品分類の基準、商品分類の実施手順について学習しましょう。

商品構成の原則

金額単位でみても配分の基準を判断することは難しいため、全体像を捉えやすい構成比(パーセンテージ)を把握することが重要です。手順は、次のとおりになります。
①分類した各グループを100とする
②商品構成をパーセンテージで考える
③パーセンテージでの商品構成計画を作成する
④計画数量を個数で割り当て、金額を記入する

商品分類の基準

商品分類の基準は、小売業の業種や業態によって異なります。一般的には、大きな分類を段階的に細分化し、最終的に、それ以上分けることができない単品のレベルまで分解して考えます。

小売業の商品分類基準

グループ	商品群を、特徴、ライフスタイルなどの要素で最も大きくグルーピングしたもの
デパートメント（部門）	商品群を、店舗での売上高管理に適した単位で分類したもの
ライン（中分類）	デパートメントを更に細分化したもの
クラス（小分類）	仕入の管理単位となっているもの
サブクラス	クラスを更に細分化したもの
アイテム（品目）	カラー、サイズ、重量などが異なり、デザイン、素材が同じ単品をまとめたもの
SKU（最小単位）	これ以上、分類できない最小の単位品目

小売業の商品分類階層の例（イメージ）

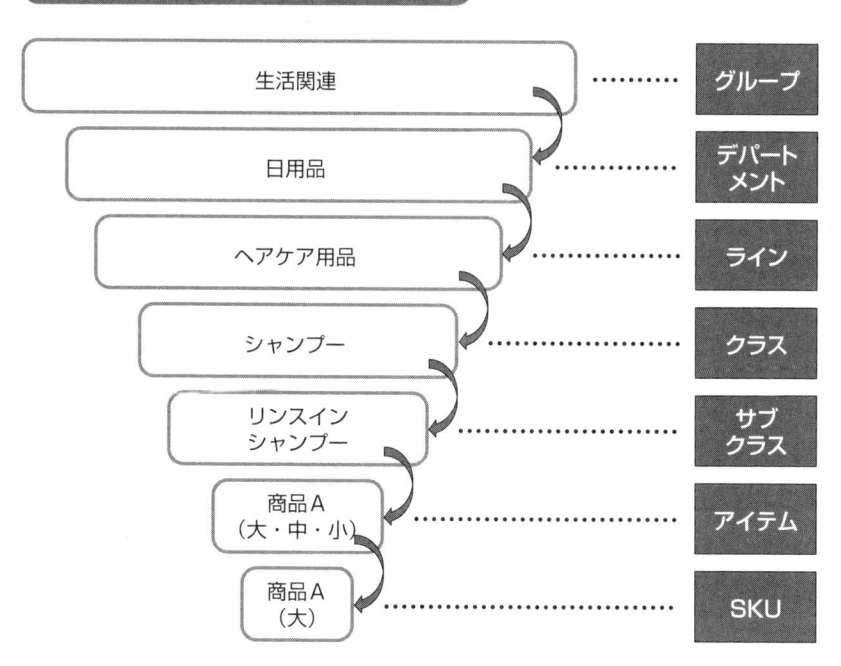

- 生活関連 ……… グループ
- 日用品 ……… デパートメント
- ヘアケア用品 ……… ライン
- シャンプー ……… クラス
- リンスインシャンプー ……… サブクラス
- 商品A（大・中・小）……… アイテム
- 商品A（大）……… SKU

マーチャンダイジング—❾

棚割りシステム

Point 学習のポイント

> コンビニエンスストアでは、同じチェーンの店舗の棚の商品が同じように並んでいることがあります。これは、類似の棚割りによって、どの商品を棚内のどの段に配置するかを決定しているからです。棚割りを考えず思いつきだけで売場に商品を並べてしまうと、棚の商品が雑然とするだけでなく、その棚が何を売っているのかが来店客に対して不明確になってしまう恐れがあります。ここでは、棚割りの概念と棚割りの方法について学習しましょう。

棚割りの概念

棚割りとは、一定で同じゴンドラスペースの中で、消費者が買物をしやすいように、商品を分類、整理することです。用途別や機能別などのテーマにもとづいて分類、整理し、組み合わせることによって、利益を獲得しようとする小売店のマネジメント手法です。

棚割表とは、多種多様な商品をどのように棚割りして、ディスプレイやプロモーションにつなげていくかの基本戦略を示すものです。右の図の手順に従って、取り組みます。

棚割りの方法

(1)プラノグラムによる管理

プラノグラムは、「棚割りシステム」と呼ばれ、商品のブランドの強さ、包装形態、色などを最適に組み合わせることで棚の収益が最大

棚割表の作成ステップ

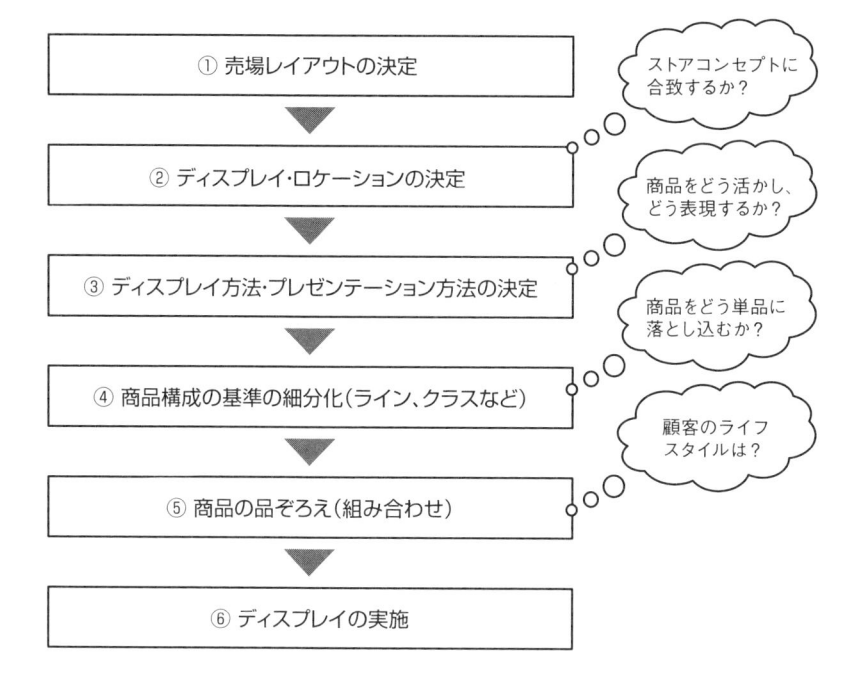

```
① 売場レイアウトの決定        ← ストアコンセプトに
        ↓                       合致するか？

② ディスプレイ・ロケーションの決定  ← 商品をどう活かし、
        ↓                       どう表現するか？

③ ディスプレイ方法・プレゼンテーション方法の決定  ← 商品をどう単品に
        ↓                                      落とし込むか？

④ 商品構成の基準の細分化（ライン、クラスなど）  ← 顧客のライフ
        ↓                                      スタイルは？

⑤ 商品の品ぞろえ（組み合わせ）
        ↓

⑥ ディスプレイの実施
```

になるように予測するモデルのことです。

(2)商品配置までの手順

商品配置までのステップは、次のとおりです。

①品ぞろえ：業態、店舗規模などに応じた、売れる商品をそろえる

②グルーピング：商品を一定の基準にもとづいて分類する

③ゾーニング：分類した商品を、どの場所に配置するか決める

④フェイシング：品目別に具体的に何フェイス、棚のどの場所に配置するか決める

上記の①品ぞろえと②グルーピングは、棚割表の作成ステップの④商品構成の基準の細分化に対応します。③ゾーニングと④フェイシングは、棚割表の作成ステップの⑤商品の品ぞろえ、⑥ディスプレイの実施に対応します。

マーチャンダイジング—❿

➡ 売価政策

Point 学習のポイント

　魅力的な品ぞろえを行うことができても、価格が高すぎると売上につながりません。小売店では、品ぞろえ時に商品にどの程度の価格をつけるかが、非常に重要な取り組みになります。価格が高すぎると利益は生まれますが、多くの数量を販売することはできません。その一方で、価格を安くしすぎると利益が減少し、経営に影響を与える恐れがあります。ここでは、売価の設定方法と状況別の売価設定について学習しましょう。

売価の設定方法

　小売業経営の売価設定のアプローチは、商品特性、販売特性、商品戦略などを考えて、次のような方法で設定します。

(1)コストプラス法
　商品の原価を基準にして、売価を設定する方法です。
(2)ターゲット・プロフィット法
　目標利益を事前に決めておき、その目標利益を得るための売価を設定する方法です。
(3)パーシブド・バリュー法
　買い手の、得られる価値を基準にして、その価値に見合った売価を設定する方法です。
(4)ゴーイング・レイト法
　競合他社の価格に合わせて商品の売価を設定する方法です。

(5)シールド・レイト法

競合他社よりも安い売価を設定する方法です。複数の企業に価格を提示させ、安い価格を選択する入札が一般的です。

状況別の売価設定

実際の小売店経営では、次に挙げるような状況で、売価が設定されるケースが少なくありません。

(1)仕入先企業によって示唆される状況

各業界の慣行によってある程度の売価の基準があり、メーカーによってその基準にもとづく売価が示唆されます。小売業は、その売価を参考に価格を設定すると共に、販売管理費をできるだけ抑えることで利益を出します。

(2)顧客の価格に関する情報収集能力で決まる状況

顧客が市場価格についての知識をどの程度持っているかによって、売価の設定を自由にできるかどうかの幅が異なります。

顧客の価格に関する情報収集能力と価格の関係

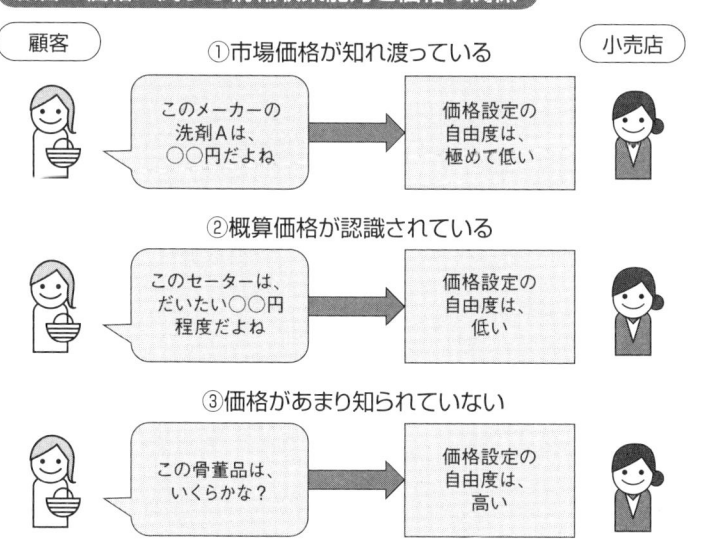

顧客　①市場価格が知れ渡っている　小売店
「このメーカーの洗剤Aは、○○円だよね」→ 価格設定の自由度は、極めて低い

②概算価格が認識されている
「このセーターは、だいたい○○円程度だよね」→ 価格設定の自由度は、低い

③価格があまり知られていない
「この骨董品は、いくらかな？」→ 価格設定の自由度は、高い

マーチャンダイジング―⓫

➡ プライスゾーンとプライスライン政策

> **Point** 学習のポイント
>
> 小売店が売価を設定する際に、参考になる考え方にプライスゾーンやプライスラインがあります。単に1つの商品の価格が高い、低いということではなく、その小売店の印象や顧客の選びやすさといった要素を加味する価格設定方法です。ここでは、プライスゾーンとプライスラインの概要、プライスゾーンの設定、プライスライン政策について学習しましょう。

プライスゾーンとプライスラインの概要

 小売店の売価設定の方法の考え方として、プライスゾーンとプライスラインがあります。
(1)プライスゾーンの特徴
 プライスゾーンとは、顧客層に対して請求する価格の範囲を言います。プライスゾーンは、特別価格帯、高価格帯、中価格帯、低価格帯に分けられます。しかし、特別価格帯は、みせる商品としての役割が強く、実際に販売を行うプライスゾーンは、高価格帯、中価格帯、低価格帯の3つの分類になります。プライスゾーンの設定の仕方は、来店客層の絞り込みに影響します。
(2)プライスラインの特徴
 プライスラインとは、プライスゾーンの中に設定された特定の価格を言います。プライスラインの設定は、小売店での買物のしやすさに直結します。

プライスゾーンとプライスライン

プライスライン
＝個別の価格

| 70,000円 |
| 50,000円 |
| 35,000円 |
| 18,000円 |
| 10,000円 |
| 7,000円 |
| 4,000円 |
| 2,000円 |

プライスゾーン
＝上限と下限の範囲

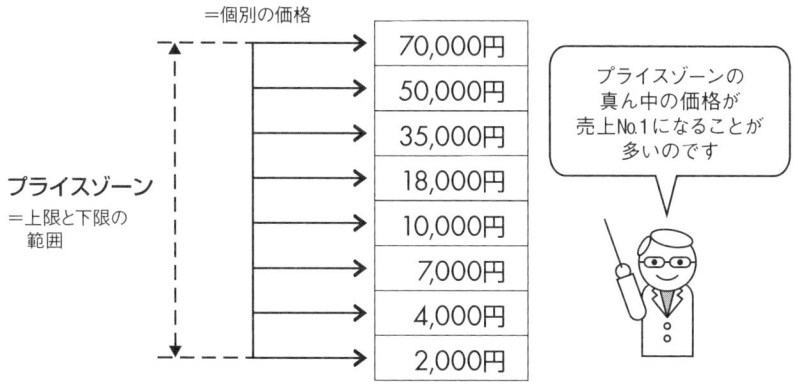

プライスゾーンの真ん中の価格が売上No.1になることが多いのです

プライスゾーンの設定

プライスゾーンを設定は、商品系列ごとに仕入れる在庫が、小売店全体として価格面での偏りがでないように調整すること、価格政策面からみた高級店、大衆店などの位置づけを決定することを目的として実施されます。

プライスライン政策

(1) プライスライン政策の定義

消費者の購買決定を助けるため、カテゴリーごとの品目を顧客ニーズに合った価格に整理・分類して売価を設定する方法です。

(2) プライスライン政策のポイント

①プライスゾーンとプライスラインを明確にする

②プライスラインごとに商品比較が容易になるように分類する

③商品分類ごとに消費者ニーズに適合する売価を設定する

④品目ごとに同じ売価を設定し、中間の売価は避ける

⑤プライスゾーンごとに売上を予測し、粗利益を確保できるアイテムを選定する

マーチャンダイジング—⓬

▶値入額

Point 学習のポイント

　小売店が、適正な売価を設定するためには、商品を設定した価格で販売することで、どのくらいの利益がでるのかを把握しなければなりません。言い換えると、適正な売価を設定し、粗利益額を確保するために、適正な値入額と値入率を算出する必要があります。ここでは、値入額の概要と計算について学習しましょう。

値入額の概要

(1)値入額の計算式

　値入額の基本公式は、次のとおりです。

```
仕入原価（Cost）＋値入額（Markup）＝売価（Retail）
```

この基本公式は、次のように変換できます。

```
売価－値入額＝仕入原価　　売価－仕入原価＝値入額
```

(2)値入額の水準の要件

　適正な値入額は、次の水準を満たす必要があります。
①店舗、関連部門、販売に必要なすべての費用
②値下げ、盗難などによって発生すると予測される物理的な損失
③営業利益としての貢献額

(3)値入率の計算（売価基準と原価基準）

　値入率は、売価基準か原価基準のどちらかで示す必要があります。商品の仕入原価600円、売価1,000円で設定した場合について考えてみます。

①売価基準の計算

　　値入額＝売価－仕入原価
　　　　　＝1,000円－600円＝400円
　　値入率（売価基準）＝値入額÷売価×100
　　　　　　　　　　　＝400円÷1,000円×100＝40（％）

②原価基準の計算

　　値入率（原価基準）＝値入額÷仕入原価×100
　　　　　　　　　　　＝400円÷600円×100％＝66.666…％≒66.7％

値入額の計算

値入額、値入率の計算例

仕入時点

| （仕入）売価 1,000円 | 値入額 400円 |
| | 仕入原価 600円 |

■値入に関する基本方程式

売価は（仕入）売価ということがあります。

仕入原価 ＋ 値入額 ＝ （仕入）売価

値入額 ＝ （仕入）売価 － 仕入原価

値入率 ＝ 値入額 ÷ （仕入）売価 × 100％

値入額 ＝ （仕入）売価 × 値入率

マーチャンダイジング—⑬

棚卸しと在庫管理の重要性

Point 学習のポイント

マーチャンダイジングでは、よい商品を仕入れ、適正な価格で販売することが大きな目標です。しかし、よい商品を販売しても、すぐに欠品してしまうと販売機会ロスが生じます。逆に、在庫が大量に余ると、資金の回収が進まず経営を圧迫する可能性が生じます。よい商品を仕入れ、適正な価格を設定することと並んで、在庫をしっかり管理することは、小売店にとって非常に重要です。ここでは、在庫管理の基本要素である棚卸しの概要と、適正在庫の考え方について学習しましょう。

棚卸しの概要

棚卸しとは、小売店の実際の商品の在庫金額を知るための作業です。
(1)棚卸しの目的
　帳簿上の在庫金額と、実在する商品在庫高のズレを修正することを目的とします。一般的に、1年に2回、正確な在庫高を確認し、管理日報のデータを修正する必要があります。
(2)帳簿上の在庫金額のズレの原因
　帳簿上の在庫金額と、実際の在庫高にズレが生じる主な原因として、次のことが挙げられます。
　①万引きによる商品のロス
　②商品入荷時点での仕入伝票と実際の仕入高のくい違い
　③値下げ時の、値下げ伝票の発行忘れ

④商品を別の店舗に移動した際の移動伝票の発行もれ
⑤レジでの商品登録部門の間違い

適正在庫の考え方

小売店が、低成長の中でも利益を確保できる経営体質を確立するためには適正在庫の維持が重要です。

(1) 過剰在庫の問題点

小売店が過剰在庫を抱えると、次のような問題が生じます。

①在庫商品の仕入資金が増加し、在庫金利が大きくなることで、利益が減少する。
②死に筋商品が店頭やバックヤードのスペースを占有することで、売れ筋商品や新商品のスペースを狭めてしまい、販売機会ロスが生じる。
③長期にわたり店頭やバックヤードで商品を保管することで、損傷や汚れなどの商品ロスが増加する。
④単品の整理整頓が困難となり、売れ筋商品や単品別残数の把握が難しくなり、発注の正確性を損なう。

(2) 的確な発注に向けて検討すべきポイント

適正な在庫を維持するには的確な発注を行い、消費者のニーズに合った商品を仕入れるために次のポイントが重要です。

①サイズの数、サイズの特殊性
②商品の色、柄、素材のバラエティ性
③低回転率の商品の存在意義

適正在庫維持のために…

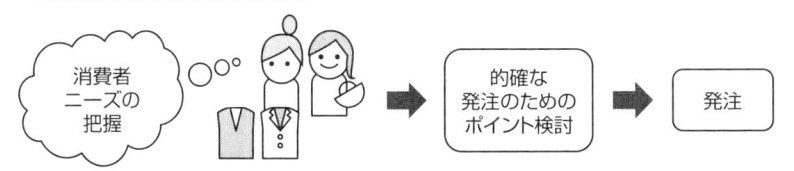

消費者ニーズの把握 → 的確な発注のためのポイント検討 → 発注

マーチャンダイジング—⑭

▶商品回転率

> **Point** 学習のポイント
>
> マーチャンダイジングを進めるときに、現在、取り扱っている商品がどのような動きをしているのかを把握する必要があります。数値で商品の動きを把握する際に、基本的な考え方となるのが商品回転率です。商品がどのくらいの期間で売れたのかを把握することで、売上を高めるための取り組みを導き出すことも可能です。ここでは、商品回転率の算出方法と、商品回転率を高める方法について学習しましょう。

商品回転率の算出方法

(1) 商品回転率の概要

　商品回転率とは、売上に対して在庫が何回使われたかを表す指標です。商品が小売店に入荷され、販売されて小売店を出ていく動きに伴った指標といえます。商品回転率は、商品を仕入れて販売するまでの平均期間によって測定されます。ある商品の年間の商品回転率が3回であれば、その商品は4カ月ごとに入れ替えられたことを表します。

(2) 商品回転率の計算式

　商品回転率は、一般的に1年を基準に計算されます。計算方法には、売価で求める方法、原価で求める方法、数量で求める方法の3つがあります。

　①売価で求める方法

　　商品回転率（年間）＝年間売上高÷年間平均商品在庫高（売価）

②原価で求める方法

　商品回転率（年間）＝年間売上原価÷年間平均商品在庫高（原価）
③数量で求める方法

　商品回転率（年間）＝年間売上数量÷年間平均商品在庫数量

①、②の計算式は、金額を基準にしているため、経営全体や部門単位での商品の回転をみるのに適しています。③の計算式は、数量を基準としているため、物量の在庫管理をみるのに適しています。

商品回転率を高める方法

商品の回転率が高いことは、効率的な仕入ができていることを示し、小売店の利益拡大の機会が増加しているといえます。従って、小売店経営では、商品回転率を高める施策を講じることが重要です。商品回転率を高める方法は、「売上高を維持し、平均商品在庫高を減らす方法」と「売上高を増やし、平均商品在庫高を維持する方法」に大別できます。

(1)平均商品在庫高を減少させる方法

①商品ラインの整理・縮小

　商品在庫の種類を減らすことで、在庫高を減少させます。排除した商品を欲しがる少数の顧客には、類似商品などを提案します。

②同一商品の在庫の縮小

　同一の商品在庫の量を減らすことで、在庫高を減少させます。多頻度少量仕入の徹底と在庫高の上限・下限の設定により、売れ筋商品が、欠品や品薄状態を起こさないようにします。

(2)売上高を増加させる方法

①効率的な販売活動

　広告、ディスプレイ、接客を強化します。

②低価格政策の実施

　値下げにより、売上数量の拡大を狙います。

マーチャンダイジング—⑮

➡ 販売管理

> **Point** 学習のポイント
>
> 商品を仕入れて売価を定めた上で、商品をどのように販売していくかを明確にすることは大切です。しっかりと売り方の計画を立てて、計画が現場で実行できるように管理する必要があります。ここでは、販売管理と基本的事項、カテゴリーマネジメントについて学習しましょう。

販売管理の基本的事項

(1)販売管理の定義

　販売管理は、小売業の営業活動に関する様々な資料を収集、整理、分析して、それに合った販売計画を策定し、販売計画をもとに小売業の様々な営業活動を指揮、統制することです。

(2)販売分析

　外部、内部の情報を収集、整理、分析し、販売活動の実態や問題点を把握します。主に2つの分析の方向性があります。

①内部資料（POSデータ、売上管理諸表）の収集と分析

　過去の営業活動の成果を整理、分析して、店舗別、カテゴリー別の傾向を把握し、問題点を見つけます。

②外部資料の収集と分析

　小売店の営業活動を取り巻く環境の要因や変化を、商圏別、顧客層別などの数値をもとに把握し、実態を明らかにします。

(3)販売計画

販売計画とは、どのような顧客に、どのような商品を、どのような方法で販売するかを計画することです。(2)の結果をもとに、将来の一定期間の販売可能額を予測し、全体の販売目標を決定します。

(4)販売活動の管理

(3)の販売計画にもとづいて、販売の諸活動を指揮、統制するために、目標管理手法などを応用し、計画達成に向けた具体策を決定します。

カテゴリーマネジメント

販売管理で注目されている手法に、カテゴリーマネジメントがあります。小売店が販売する多数の商品を一定の基準でくくり、それを単位として販売促進や販売管理を行います。

消費者のライフスタイルが多様化している現在、生活の場面から商品カテゴリーを組み立てて、それを小売業者や供給業者が共同で消費者に提案することにより、販売促進策や管理体系を作り上げていきます。

カテゴリーマネジメントの実施手順

1	メインターゲットの設定	誰が自店の本当のお客様か？どのようにして顧客ニーズに対応するか？
2	カテゴリーの定義と役割の設定	店舗において取り扱うカテゴリーを定義し、自社の目的と顧客ニーズに合った役割を当てはめる
3	購買促進企画の作成	設定した役割に沿って、カテゴリーごとに、購買促進の方法と年間の目標利益を企画する
4	供給先企業とのパートナリング	カテゴリーごとにメインとなる供給先企業を選定し、データ収集やプラン・棚割りなどの検討を共同で行う
5	業績の評価・分析	継続的にカテゴリーごとの評価・分析を行い、売上と利益の拡大に努める

マーチャンダイジング―⑯

予算管理と利益計画

Point 学習のポイント

> 小売店が、しっかりと儲けを出すためには、商品がいくら売れるのか、売れることでいくら利益が出るのかをあらかじめ予測し、予測にもとづいて取り組みを計画し、実際に売場で取り組みを実行していく必要があります。ここでは、そのための予算管理と利益計画について学習しましょう。

予算管理

(1)予算の考え方

予算は、漠然とした希望ではなく、目標利益を達成するための実行計画として、経営管理の活動と関連づけて考える必要があります。

(2)予算管理の機能

予算という目標値を用いて、経営管理を推進することが予算管理です。予算管理には３つの機能があります。

①計画機能

予算を編成することは計画設定を行うことであり、経営目標を具体化できる計画にまで発展させる機能があります。

②調整機能

予算を編成する過程で、小売店の様々な活動の予算を１つにまとめるために、各部門の予算案を小売店全体の立場から総合的に調整する必要があります。その際、部門、本部、店舗などの間で情報交換や意見のすり合わせが行われ、調整が図られます。

③統制機能

予算を実績と比較し、その差を分析することにより、部門ごとに業績評価と、実施活動の能率を上げるための改善措置を考えられます。

(3) 予算の種類と体系

予算の体系図（例）

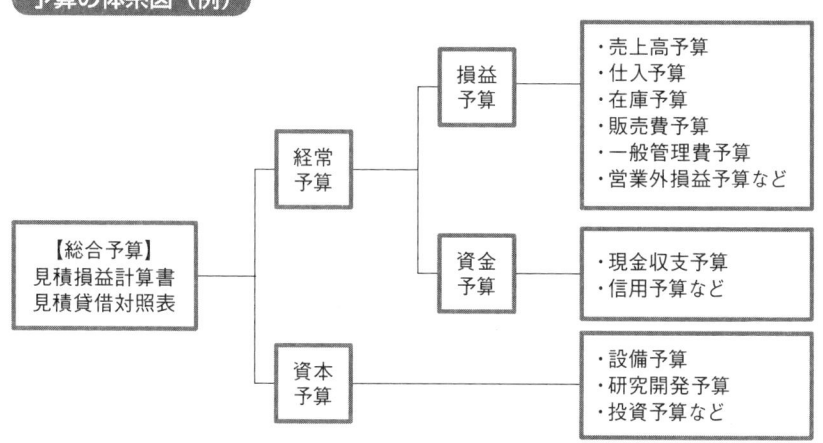

```
                           ┌─────┐   ・売上高予算
                           │損益 │   ・仕入予算
                      ┌────│予算 │   ・在庫予算
                      │    │     │   ・販売費予算
                ┌─────┤    └─────┘   ・一般管理費予算
                │経常 │                ・営業外損益予算など
                │予算 │
┌──────────┐    │     │   ┌─────┐   ・現金収支予算
│【総合予算】│    │     └───│資金 │   ・信用予算など
│見積損益計算書├──┤         │予算 │
│見積貸借対照表│  │         └─────┘
└──────────┘    │
                │     ┌─────┐   ・設備予算
                └─────│資本 │   ・研究開発予算
                      │予算 │   ・投資予算など
                      └─────┘
```

出典：『販売士検定試験2級ハンドブック』（日本商工会議所・全国商工会連合会編）

利益計画

適正な利益を持続的に確保するためには、目標利益を設定する必要があります。目標利益の計算式は、次のようになります。

目標利益＝予定売上高－許容費用
予定売上高－目標利益＝許容費用

目標利益額を設定し、その達成に必要となる予定売上高を算出し、予定売上高から目標利益を差し引いた差額を上限として、許容される費用額を決定します。

予定売上高と許容費用の予算を算出する方法として、代表的なものが損益分岐点分析です。

マーチャンダイジング―⓱

損益分岐点分析

Point 学習のポイント

小売店が営業を継続するためには、利益を生み出し続ける必要があります。そのために、いくら売上を上げれば、利益を生み出すことができるのかを把握する必要があります。代表的な手法として、損益分岐点分析があります。ここでは、損益分岐点分析の基本的な考え方と、損益分岐点の求め方について学習しましょう。

損益分岐点分析の基本的な考え方

(1)損益分岐点売上高の計算

損益分岐点とは、損益がゼロになるときの売上高をいいます。次の計算式で表すことができます。

売上高－費用＝0　　⇒損益分岐点売上高
売上高＝費用　　　　⇒損益分岐点売上高

費用には、売上高の増減に関わりなくかかる固定費と、売上高の増減に比例してかかる変動費があります。従って、損益分岐点売上高は、次のように示されます。

損益分岐点売上高＝固定費＋変動費

(2)固定費

　固定費とは、売上高の発生に関係なくかかる費用のことです。一般的に人件費、減価償却費、不動産賃借料、水道光熱費などが含まれます。

(3)変動費

　変動費とは、売上高の発生に比例してかかる費用のことです。一般的に売上原価、広告宣伝費などが含まれます。

(4)固定費と変動費の区分

　固定費と変動費はあくまでも概念的な分け方です。状況に応じて、固定費になったり変動費になったりします。

(5)限界利益

　売上高から変動費のみを差し引いた利益を限界利益といいます。

損益分岐点の求め方

(1)損益分岐点の計算式

① 損益分岐点（金額） $= \dfrac{\text{固定費}}{1 - \dfrac{\text{変動費}}{\text{売上高}}} = \dfrac{\text{固定費}}{1 - \text{変動費率}}$

② 変動費率（％） $= \dfrac{\text{変動費}}{\text{売上高}} \times 100\ (\%)$

③ 損益分岐点比率（％） $= \dfrac{\text{損益分岐点（金額）}}{\text{売上高}} \times 100\ (\%)$

(2)損益分岐点と損益分岐点比率の見方

　損益分岐点（金額）、損益分岐点比率（％）ともに、低いほど収益構造が優れている傾向にあります。売上高が減少しても、すぐには欠損になりづらく、安全性が高いことを示しています。

マーチャンダイジング―⑱

➡POS システム

> **Point** 学習のポイント
>
> 　小売店がマーチャンダイジングを実施する際、POS システムを活用することで様々な効果を得ることができます。その効果は、お客様に直接影響するものから、小売店が上手に活かすことで、初めて効果を発揮するものまで多岐にわたります。ここでは、POS システムの概要、POS システムで得られる情報の種類、JAN コードと自社コードについて学習しましょう。

POS システムの概要

(1) POS システムの定義

　POS システムとは、小売店における購買情報を、発生時点で自動的に収集し、必要とする商品カテゴリーごとに単品の販売動向を分析し、品ぞろえや販売管理に活用するシステムのことです。

(2) POS システムの特徴

　POS システムの大きな特徴は、次のとおりです。

①データが発生した時点で自動的に読み取る

②情報を自動的に収集し伝達する

③利用者のレベル（職階）と目的（業務）に合わせて加工と出力ができる

POS システムで得られる情報の種類

(1) 商品情報

商品の販売、仕入、在庫管理に関する情報です。POSシステムでは、商品1点ごとに販売価格と数量情報などを収集できます。

(2)顧客、客層情報

どのような顧客が、いつ、いくら買ってくれているかという来店客に関する情報です。特定の商品をどのような顧客が購入しているのかという、商品から客層を見分けるデータも含まれます。

(3)販促情報

特売やゴンドラで消費者に提案した販売促進に関する情報です。更に、天候、気温、地域の催事情報など、売上に影響する情報も販促情報に含まれ、それらの情報はコーザル（販売要因）データといわれています。

(4)従業員情報

正規社員、パートタイマー、アルバイトなど、すべての従業員に関する情報です。どの販売員が、いつ、何をしたのかを示す情報です。検品、値づけ、ディスプレイ、清掃、レジ、サッカー（袋詰め）などの作業項目別、個人別の稼働状況を整理・分析することで、人員の適正配置を行うことができます。

(5)販売情報

クレジットやギフト券による売上に関する情報、また、特定の商品と一緒に購入された商品は何かといった関連購買分析用データです。

JANコードと自社コード

最寄品を中心とした食品雑貨型POSシステムでは、JANコードを利用したPLU（Price Look Up: 価格検索）システムが基本です。

(1) JANコード

JANコードは、マーカーが任意に番号をつけ、印刷したJANコード（バーコード）を、小売店のPOSシステムで自動で読み取ります。

(2)自社コードの設計

自社コードは、個々の小売業者がそれぞれの管理目的に合わせて分類性、利便性などを考慮し設計するものです。

ソースマーキングとインストアマーキング

JANコードの印刷には、ソースマーキングとインストアマーキングの2つがあります。

(1)ソースマーキング

商品の製造元や発売元で、商品の包装や印刷の段階でつけられるもので、加工食品、日用品を中心に広く普及しています。

(2)インストアマーキング

小売業の加工センターや店舗の段階でつけられるもので、生鮮食料品や惣菜など、容量、規格などの違いに加え、仕入れたものを小分け、加工した上で商品化されるものに向いています。

(3)インストアマーキングの留意点

①事前に運用ルールをマニュアル化する。

②スキャナでの自動読み取りが可能になるよう印刷精度を上げる。

③自動読み取りしやすいように、一定の位置に添付する。

ソースマーキングとインストアマーキング

メーカー → 小売店

ソースマーキング
・商品の包装、印刷の段階で付番される
・加工食品、日用品

インストアマーキング
・小売店で加工、小分けの段階で付番される
・生鮮食料品、惣菜

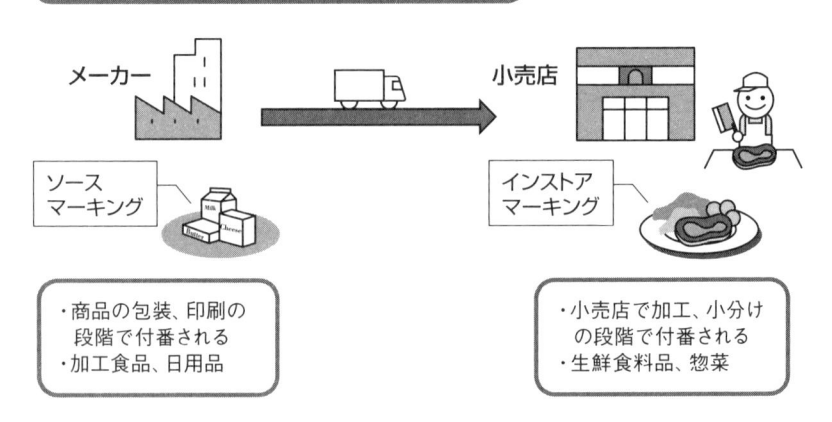

POSシステム運用上の留意点

POSシステム運用上の留意点は次のとおりです。
(1)経営者層の主体的な参画
　POSシステムの導入に応じて、業務の流れも変えていく必要が生じます。従って、POSシステム運用のリーダーは、運用を強力に推進することができる経営者層の人材が必要です。
(2)全社的な取り組み
　POSシステムは、システム設計者だけでなく、売場や商品部の担当者とも密接に関わるため、各部の担当者レベルでの協力が不可欠であり、全社的な取り組みが必要です。
(3)業務分担の明確化
　多数の部署の協力による共同システムであるために、作業に携わる従業員の役割分担を明確にし、個々の業務に関する基準書を作成し、各従業員へ必要な教育を実施することが重要です。
(4)仕入先企業への協力依頼
　POSシステムは、仕入先企業との業務にも影響を及ぼします。従って、仕入先企業に対しての告知や協力依頼が必要になります。

戦略的POSシステムの活用方法

(1) POSシステムの段階的活用
　POSシステムの活用は次の3段階に大別することができます。
①第1段階：レジ機能としての活用
　POSシステムを導入している小売業に共通する基本的なレジでの販売管理を指します。「何が何個売れたか」「合計いくらになったか」など、日々の単品別の売上数量と金額を把握するのが第1段階です。
②第2段階：売れ筋や死に筋商品の管理への活用
　商品カテゴリー別の売上数量を素早く把握することにより、売れ筋

商品は更なる強化体制を整え、死に筋商品は排除を行います。これらを継続して実施することで、販売効率を高めることができます。

③第3段階：応用

商品カテゴリー別の時間帯別販売データ、価格帯別販売データ、どの商品とどの商品を同時購買する確率が高いかを捉えるバスケット分析などがあります。

(2) 重点管理とABC分析

小売店が人材、費用、施設などを有効に活用するためには、戦力を投下することによって効果が上がる可能性が高い商品カテゴリーを選定し、そのカテゴリーに集中する販売戦略を展開するという重点管理を行う必要があります。この重点管理の対象となるカテゴリーを発見する手法の1つにABC分析があります。

(3) ABC分析の概要

ABC分析はパレート分析とも呼ばれます。商品カテゴリー別の取扱商品をベースとして売上金額の多い順に並べ替え、例えば累計でおよそ75％を占める売れ筋商品をAクラス、およそ75％〜90％を占める商品をBクラス、その他の商品をCクラスに分類することで、全体の売上高の90％を占めている重点カテゴリーを発見することができます。

分析の計算表（例）

順位	販売実績	構成比(%)	累計比(%)	
1	6,000	30.0	30.0	Aクラス
2	5,500	27.5	57.5	累計比 およそ75%まで
3	3,500	17.5	75.0	
4	1,200	6.0	81.0	Bクラス
5	800	4.0	85.0	累計比 およそ75%〜90%
6	600	3.0	88.0	
7	500	2.5	90.5	
8	450	2.3	92.8	
9	400	2.0	94.8	
10	350	1.8	96.5	Cクラス 累計比 90%超
11	300	1.5	98.0	
12	200	1.0	99.0	
13	200	1.0	100.0	
合計	20,000	100.0		

分析グラフ（例）

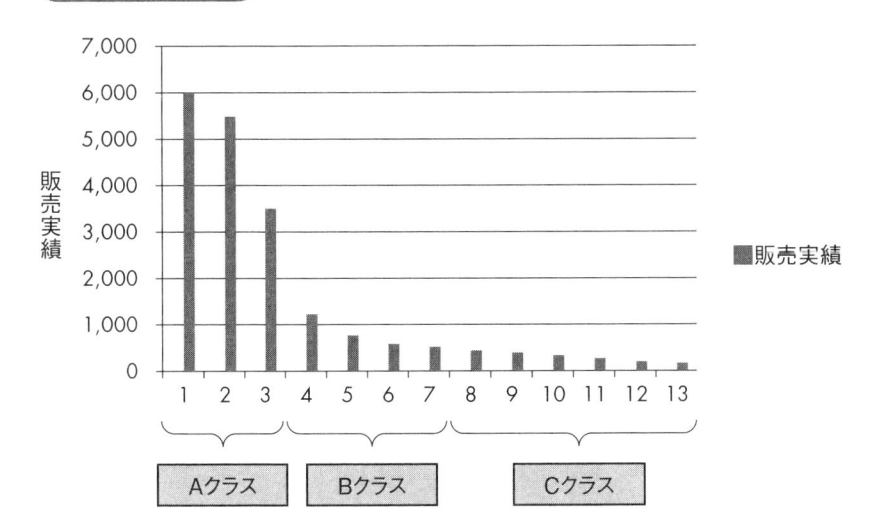

マーチャンダイジング—⑲

販売分析の見方と活用法

Point 学習のポイント

　実際に、売場で起きている商品やお客様の動きを直接目でみることで、イメージをつかむことができます。加えて、売上高をはじめとする数値を上手に活用することで、売場で起きている出来事をより正確に把握できるようになります。そのためには、分析手法を理解する必要があります。経営分析の手法、販売効率の分析について学習しましょう。

経営分析の手法

　経営分析の手法を大別すると、比率法と実数法に分けられます。比率法は、分析比率を用いて経営活動を適正に管理するためのものです。実数法は、実績数値（金額、数量、人数など）を分析することで実態を把握するためのものです。

経営分析の手法

	収益性の分析	安全性の分析
比率法	・資本利益率 ・売上利益率 ・資本回転率 ・売上債権回転率 ・棚卸資産回転率 ・労働分配率	・流動比率 ・当座比率 ・固定比率 ・固定長期適合率 ・売上高金利率 ・自己資本比率
実数法	・利益増減分析 ・1人当たり売上高 ・1人当たり人件費 ・損益分岐点 ・労働生産性	・資金運用表による分析

出典：『販売士検定試験2級ハンドブック』（日本商工会議所・全国商工会連合会編）

販売効率の分析

売上高を販売活動の要素で分解すると、次のような式になります。

> 計算式：①売上高＝販売数量×平均商品売価
> 計算式：②売上高＝客数×１人当たり売上高（客単価）

(1)計算式①で売上高を増加させる方法
①廉価商品の大量販売を実施する
　ゴンドラエンドでの展開などによって、廉価商品を大量販売することで、販売数量を増加させます。
②高額商品のコンサルティングセールスを実施する
　販売員による対面販売や側面販売でコンサルティングセールスを実施し、高額商品を販売することによって、平均商品売価を増加させます。

(2)計算式②で売上高を増加させる方法
①集客のための販促策を実施する
　広告などの販促策によって集客を図り、客数を増加させます。
②関連販売を実施する
　関連陳列などを行うことで関連販売を促進し、１人当たり売上高を増加させます。

> 計算式：③売上高＝従業員１人当たり売上高×従業員数

(3)計算式③で売上高を増加させる方法
　従業員１人当たり売上高が競合他店と比較して高い場合、従業員を増加させることが売上高の増加につながります。従業員を増加させる要因は、売場面積の拡張、密度の濃い接客販売の実施などです。

マーチャンダイジング—⑳

小売業の物流システム

Point 学習のポイント

　どのような物流で商品を仕入れるかは、小売店の経営に大きく関わってきます。商品の品ぞろえ、仕入計画、発注方法などを上手く組み立てても、物流がなければ、実際に商品は小売店に入ってきません。現在の小売業の物流は、どれだけ効率化できるかという大きな流れの中で考えられています。物流システムの取り組み視点、店舗形態別物流システムの分化方向、百貨店・総合品ぞろえスーパー・コンビニエンスストア・専門店のそれぞれの業界の物流について学習しましょう。

物流システムの取り組み視点

　小売業界における物流システムへの取り組み視点として主要なものに、次の5つがあります。
(1) 顧客志向の物流システム
　これまでの大手メーカー主導の物流ではなく、小売店の店頭を起点とした小売業主導の「顧客ニーズに対応した物流」の展開が重要になってきています。物流に変革を促す主たる要因は、消費者の価値観やライフスタイルの変化といえます。
(2) 売場基準のディマンドチェーン・マネジメント
　小売業にとって、顧客が必要な商品を、必要な量だけ、必要な時間に、必要な場所へ合理的に常に配送できるようにシステム化し実行することが理想です。消費者の生活シーンに合わせた品種構成を実現す

るためには、一括統合納品（混載）や共同配送システムなどを目標としたディマンドチェーン・マネジメントを小売業主導で進める必要があります。

⑶ 新総合物流戦略

小売業は「新総合物流体制」を構築する必要に迫られています。新総合物流体制とは、消費者に安全で安心な商品を供給するために、生産者から店頭での販売までをトータルでマネジメントし、低コストの商品流通を図ることができる体制です。

⑷ 物流システム重視の組織体制

小売業に求められている物流戦略は、企業全体の利益のために、部門の垣根を越えて情報、物流、商取引などの業務プロセスを抜本的に変革することです。そのために、企業戦略を明らかにし、組織体制を整え、物流ネットワークを築くことが重要となります。

⑸ 環境負荷を軽減させる物流体系の構築

小売業の物流は、合理的な物流のあり方を追求するとともに、環境マネジメントシステムの導入も視野に入れる必要があります。企業の社会的責任を果たすことが強く求められてきています。

店舗形態別物流システムの分化方向

小売業の物流を、品ぞろえの幅（店舗規模）と業態の商品特性の観点から類型化すると、次ページの図のようになります。

⑴ 第1次象限：百貨店

品ぞろえを個店で行うことを前提とします。高級ブランド品やファッション商品など、最先端の季節商品を取りまとめて迅速に仕入れることができる「時期集中型小口物流」を基本とします。

⑵ 第2次象限：総合品ぞろえスーパー

多店舗展開とチェーンオペレーション・システムにより標準化された多品種多量の商品を、品薄や欠品にさせずに安定供給するクロス

小売業の分化方向

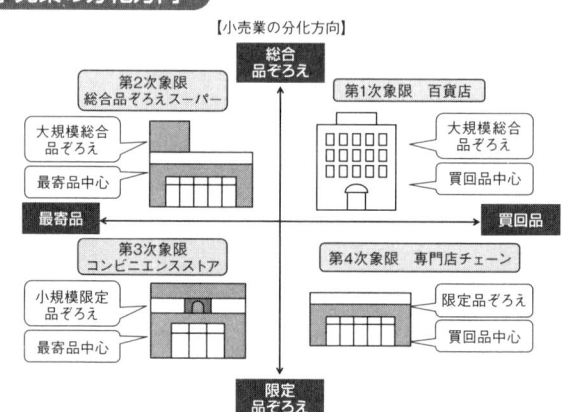

【小売業の分化方向】

```
                    総合
                   品ぞろえ
                     │
  第2次象限            │    第1次象限　百貨店
  総合品ぞろえスーパー    │
  　大規模総合          │    　大規模総合
  　品ぞろえ           │    　品ぞろえ
  　最寄品中心          │    　買回品中心
                     │
  最寄品 ──────────────┼────────────── 買回品
                     │
  第3次象限            │    第4次象限　専門店チェーン
  コンビニエンスストア    │
  　小規模限定          │    　限定品ぞろえ
  　品ぞろえ           │    　買回品中心
  　最寄品中心          │
                     │
                    限定
                   品ぞろえ
```

出典:『販売士検定試験2級ハンドブック』
（日本商工会議所・全国商工会連合会編）に加筆修正

ドッキング型のトランスファーセンター物流を基本とします。従来の物流センターにおける運営の中で、必要のない機能を可能な限り取り除き、リードタイムを最小にすることを目的とします。

(3) 第3次象限：コンビニエンスストア

多品種で少品目少量の品ぞろえを維持するため、きめ細やかな発注と「1日複数回時間帯指定の混載型納品」のシステムを基本とします。

(4) 第4次象限：専門店チェーン

ある商品カテゴリーに限定した少品種少品目の品ぞろえであり、低頻度の発注と小口の「不定期型納品」システムを基本としています。一部、カジュアルウェア・チェーンなど、店舗規模が大きくなると、取り扱う商品量が増えるために、少品種多量の品ぞろえと、「高頻度納品」を実施する必要があります。

百貨店業界の物流

(1) 現状

同業他社との共同化の推進やクイックリスポンス（QR）への取り組みによって、物流コストや商品在庫の削減などを進めています。

(2) 物流合理化と共同配送

　一般顧客への宅配、中元・歳暮、冠婚葬祭などの配送ギフトに伴う物流が主体となっています。百貨店業界の物流の特徴として、「配送センター」と「デポ（集配拠点）」を設置していることが挙げられます。前述のギフトのように、年間を通して動きがある商品を競合他社と「共同配送」することで、物流コストの削減に取り組んでいます。

(3) 課題

　百貨店業界では、物流の合理化が大きな課題です。共同配送や自社で行う配送体制を廃止して、専門業者に配送を委託するケースが見られます。

　同時に、クイックリスポンスが本格的に動き出したことによって、それに沿って業界全体の仕組みを変えていく必要があります。

百貨店の共同配送の流れ（例）

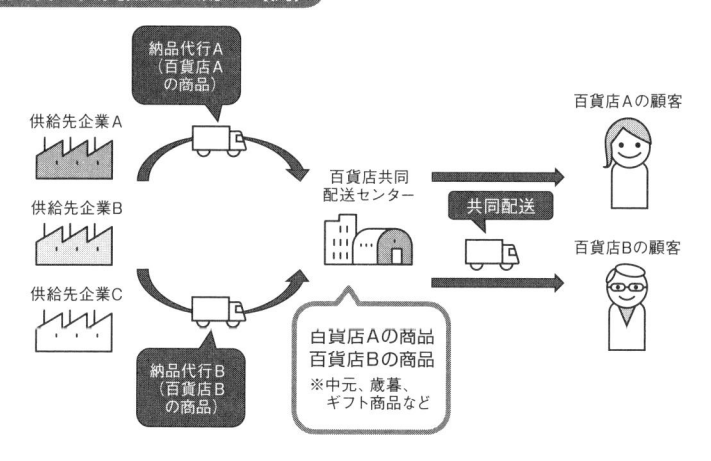

総合品ぞろえスーパー（GMS）業界の物流

(1) 現状

　総合品ぞろえスーパー業界は、規制緩和やグローバリゼーションの進展に伴い、外資小売業を含めた大競争時代を迎えています。それに

伴い、グループ力の強化を目的とした企業再編が進んでいます。その結果、物流を含めた、IT、マーチャンダイジング（MD）、物流、マーケティングなどの改革が急速に進んでいます。

(2)新物流体制の構築

　総合品ぞろえスーパー業界は、環境変化に対応できなくなった店舗の閉店やリニューアルを進めています。また、エブリデイ・ロープライス（EDLP）を進めると共に、それを支えるエブリデイ・ローコスト（EDLC）体制を築くことを図っています。

　近年、総合品ぞろえスーパーの物流では、「一括納品」が基本となっています。供給先業者が各店舗に個別に実施していた納品を一括して扱えば、各店舗での検品や荷受作業が軽減されるという考え方から、店舗別納品を一括する「統合型物流（一括統合型納品）システム」を採用する総合品ぞろえスーパーが増加しています。

(3)物流センターの運営方法

　総合品ぞろえスーパー業界に代表されるチェーンストアは、次の3つの方法で物流センターを運営しています。

①トランスファーセンター

　複数の供給業者の商品を受け入れ、納入先ごとに仕分けして一括配送を行う物流拠点です。在庫を持たないことが特徴で、通過型センターとも呼ばれています。

②ディストリビューションセンター

　トランスファーセンターと異なり、在庫を持つことが特徴です。在庫型センターとも呼ばれています。

③プロセスセンター

　スーパーマーケットなどの生鮮食品を取り扱っており、集荷した食材を加工・調理してプリパッケージ化を行い、各店舗に配送しています。加工処理センターのことをいいます。

コンビニエンスストア（CVS）業界の物流

(1) 現状

　コンビニエンスストア業界では、製造業や卸売業まで踏み込んで生産システムと物流システムをマーチャンダイジングと連動させていることが特徴です。日々変化している消費者のニーズに、そのつど対応していくために、一貫した統合型流通システムを構築しています。

(2) 物流と情報システム

　コンビニエンスストア業界では、フランチャイズチェーン（FC）形態が主流です。フランチャイズチェーンでは、本部が商品と納入業者を選び、それをもとに、各店舗は本部に対して補充発注をかけます。本部は、各店舗からの補充発注を受けて納入業者に発注し、各店舗に納品させるという方式をとっています。

　また業界特性から、多品種商品の高頻度少量対応の調達物流と時間帯指定の計画配送を特徴とするジャストインタイム（JIT）物流を取り入れています。ジャストインタイム物流によって、必要な時に、必要な商品を、必要な量だけ配送するため、高頻度小口配送が可能になります。

　更に、納品商品ごとに複数の納入業者が共同出資して配送センターを設置し、各業者が店舗へ納品するための商品を集積し、店別仕分け後、一括で店舗納品するシステムを取り入れている企業もあります。

　情報システムを活用して、発注の精度を向上させることが重要です。そのためには、個々の商品データだけでなく、天気、地域イベント、商品キャンペーンなどの情報を収集し、どのような商品がいつ、どれくらい売れるのかという仮説をもって発注することが重要です。また、POSデータなどをもとに、なぜ売れたのか、なぜ売れなかったのかを検証することが重要です。

第 **3** 章

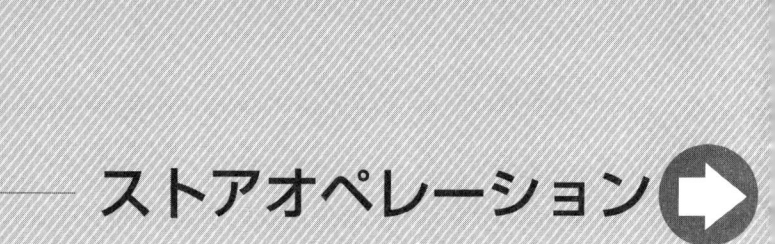

ストアオペレーション

ストアオペレーション—❶

発注システムの運用と管理

Point 学習のポイント

　小売店の業務の中で、商品の発注は特に重要です。現在の発注は、ITシステムを活用して、効率的に行うことが主流となっています。ここでは、発注システムの基本であるEOS発注と、発注の考え方である商品特性別補充・発注について学習しましょう。

EOS発注

(1)補充・発注

　定番商品を常に売場に陳列するために、売場から仕入先企業に発注し、商品を補充することを、補充・発注といいます。補充・発注を効率的に実施するための代表的な手法がEOS発注です。

(2) EOS発注とは

　EOSとは、Electronic Ordering Systemの略称で、自動補充発注システムと訳されます。まずはじめに、売場の発注担当者が発注する商品に割り振られているEOSコードと数量を、発注用の端末機に入力します。端末機から送信された発注内容は、ストアコントローラーを通じて仕入先企業に届きます。

(3) EOS発注のメリット

①発注にかかる時間を短縮できる

②発注した商品情報を正しく、素早く仕入先企業に伝えられる

③検収の間違いが減り、納品の間違いや遅延などを防止できる

④検収の時間を短縮できる

⑤ EOS 発注を活用しない場合にかかる電話代や伝票処理に関わるコストが削減できる

商品特性別補充・発注

多くの小売店では、多種多様な商品を取り扱っています。そのため、適正な商品を、適正な時期に、適正な数量、品ぞろえするために、補充・発注を工夫する必要があります。そのために、商品の特性を把握し、分類して考え、補充・発注することが重要です。例えば、多種多様な商品を取り扱う代表的な業態である総合品ぞろえスーパー（GMS）では、商品を特性に応じてステープル商品、ファッション商品、生鮮食料品に分けて考えます。その商品特性と対象商品群、発注手順の比較は図のとおりです。

GMS の商品特性別分類表

	ステープル商品	ファッション商品	生鮮食料品
商品特性	在庫型の商品	季節性、ファッション性の高い商品	毎日売り切り型の商品
対象商品群	加工商品 インナーウェア 住居関連商品 生活関連商品	婦人衣料品 紳士衣料品 子供衣料品 靴、鞄	農産物 畜産物 水産物 デイリー食品
発注手順	(1)在庫確認 (2)発注商品と数量の仮説設定 (3)発注内容検討 (4)EOS端末機(電子メモ)での入力 (5)ストアコントローラーによる送信 (6)発注結果確認 (7)発注エラー対応 (8)入荷チェック	(1)在庫確認 (2)発注商品と数量の仮説設定 (3)EOS端末機(電子メモ)での入力 (4)ストアコントローラーによる送信 (5)発注結果確認 (6)発注エラー対応	(1)在庫確認 (2)発注品名と数量の仮説設定 (3)EOS端末機(電子メモ)での入力 (4)ストアコントローラーによる送信 (5)発注の修正

ストアオペレーション—❷

➡ 補充・ディスプレイ

Point 学習のポイント

商品の発注を効率的に行って商品を仕入れても、売場に並ばなければ消費者の目に触れることはありません。小売店では、仕入れた商品を整理し、迅速に売場に並べることが重要です。どの商品を優先的に、どのような方法で並べるのかを考える必要があります。ここでは、商品を所定の場所に並べる補充と、装飾や色彩など計画的に考えて並べるディスプレイについて学習しましょう。

補充

補充とは、発注によって納品された商品を、もとから陳列してある位置に並べることです。補充は、入口周辺の売場から順番に、店内の奥へと行います。入店時に、入口周辺の商品に豊富な感じがあると、店舗全体が買いやすいイメージを与えるからです。

(1) 補充を実施する時期と状況

補充では、実施する時期や状況を見極めることが大切です。主に、商品が品切れした時や、決められた時間帯で実施します。

(2) 品切れの種類

補充を行う状況で挙げた品切れには、次の2種類があります。

① 絶対的品切れ……陳列棚に商品がまったくない状態
② 相対的品切れ……商品は棚に並んでいるが、その商品の最低陳列量を下回った状態

補充の手順

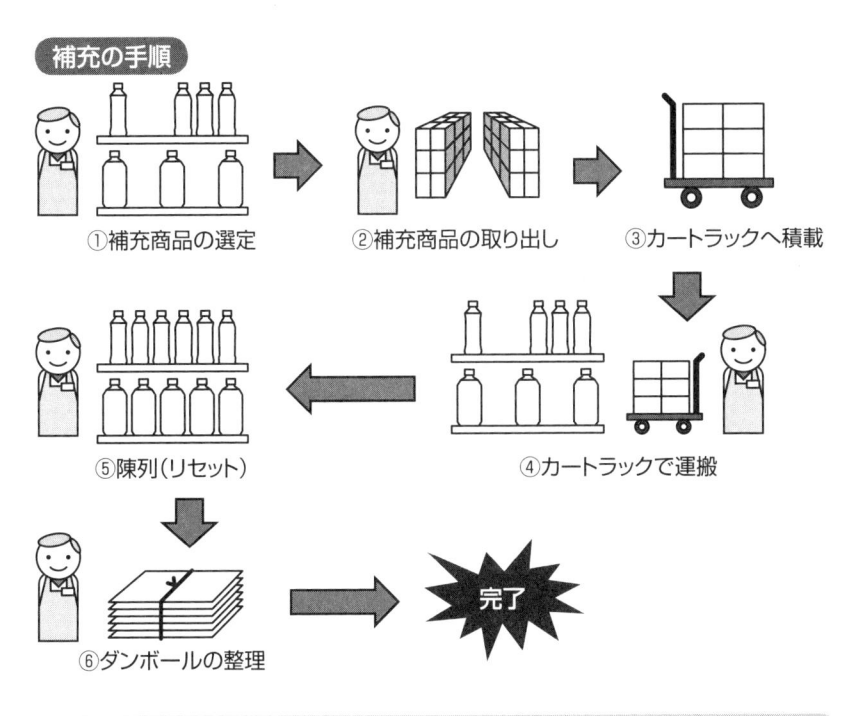

① 補充商品の選定
② 補充商品の取り出し
③ カートラックへ積載
④ カートラックで運搬
⑤ 陳列（リセット）
⑥ ダンボールの整理
完了

ディスプレイ

(1) ディスプレイとは

　ディスプレイとは、どのように商品を魅力的にみせるか、並べ方や販促物を計画的に陳列することで、単に並べる陳列とは異なります。

(2) 前進立体陳列

　前進立体陳列は、最も基本的な陳列方法で、商品を前面に揃えて立体的に積むことで量感を演出する手法です。前進立体陳列を行う作業をフェイスアップといいます。

(3) 変形陳列

　売場に変化をつけるための陳列方法を変形陳列といいます。代表的なものに、段ボールの上部をカットし、そのまま陳列するカットケース陳列、ゴンドラのラインより一部を突き出して陳列するプッシュアウト（突き出し）陳列があります。

ストアオペレーション—❸

➡売場チェックのポイント

> **Point** 学習のポイント
>
> 　小売店は、常によい売場の状態でお客様を迎えることが重要です。朝は整理整頓された売場だが、夕方になると売場が乱れていては、消費者の信頼を得ることは難しいでしょう。そのために、小売店の店舗運営では、常に売場の状態をチェックし、手直しをしていく必要があります。ここでは、商品、売場、レジ接客のチェックポイントについて学習しましょう。

商品のチェックポイント

(1)商品の品質のポイント

　商品を販売することで収益をあげる小売店では、商品の品質を高い水準で保つことは非常に大切です。常に鮮度が高い商品を取り扱うことでお客様の信頼を得ることができるため、先入れ先出しを徹底できているか、消費期限を過ぎていないか、などのチェックが必要です。

(2)商品の管理のポイント

　鮮度の高い商品を品ぞろえしても、管理が行き届いてなければよい売場を作ることができません。商品の管理体制を整える必要があります。搬出入を行うための通路幅は十分か、盗難防止の対策を講じているか、冷蔵庫・冷凍庫に異常がないか、などをチェックします。

(3)商品のディスプレイのポイント

　いかに商品を魅力的にみせるかで、小売店の売場の印象は大きく変化します。プライスカードやフェイスアップのチェックが大切です。

先入れ先出しの流れ

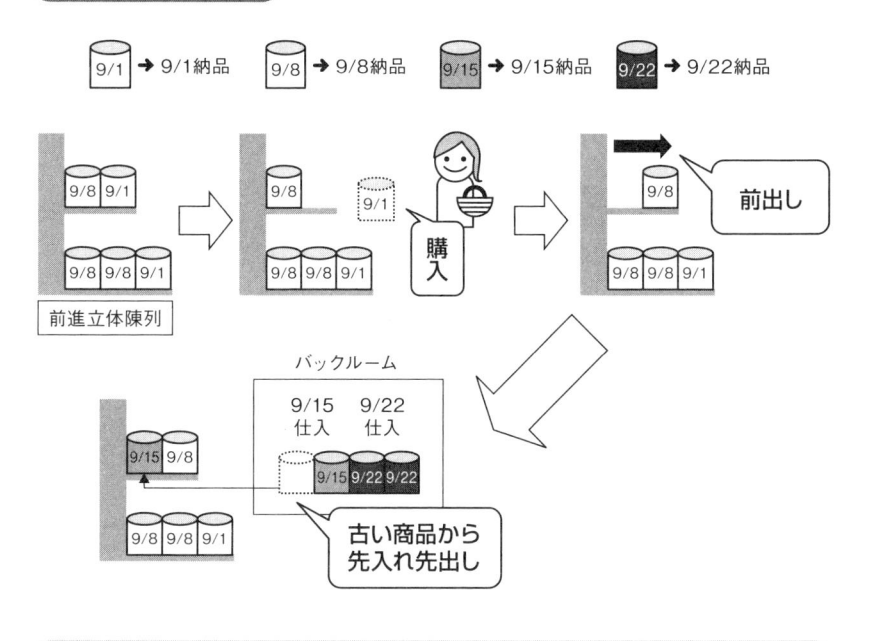

売場のチェックポイント

　商品と並んで、店舗の雰囲気は小売店の大きな特徴となります。開店中は、いついかなる時も、顧客を万全の状態で迎えるために常に売場をチェックする必要があり、商品の補充（前出し）作業が終わっているか、ゴンドラエンドの商品は整っているか、ゴンドラの最下段の商品まで整理整頓が行き届いているかなどをチェックします。

レジでの接客のチェックポイント

　商品や店舗の雰囲気がよくても、レジでの接客で印象を損ねることで小売店全体のイメージを損ねてしまう恐れがあります。顧客の目をみて笑顔で対応できているか、身だしなみは決められたとおりになっているか、などをチェックする必要があります。

ストアオペレーション—❹

➡ インストアマーチャンダイジング

Point 学習のポイント

商品を店頭に綺麗に並べたとしても、売上につながるとは限りません。小売店では、消費者が何を欲しているかを把握し、それを満たすために、商品や売場展開、接客サービスを適切に実施することが重要です。消費者は、自分が欲しい商品があり、それに関する詳しい情報がある小売店で購入したいと思っています。売上データや顧客データなどから論理的に考え、取り組みに活用することをインストアマーチャンダイジングといいます。ここでは、インストアマーチャンダイジングの概要と、体系について学習しましょう。

インストアマーチャンダイジングの概要

インストアマーチャンダイジング(In Store Merchandising)は、その頭文字をとってISM(イズム)と呼ばれています。売場、商品など、スペース当たりの販売効率を高める科学的購買促進技術です。

ISMの目的は、自店を選択してくれた顧客の買物に対する満足度を高めることです。顧客重視型の経営を行うことで、売上や利益の向上を目指します。

インストアマーチャンダイジングの体系

(1)インストアプロモーション

インストアプロモーションとは、来店客に対して店内で行う販売促

ISMの体系図

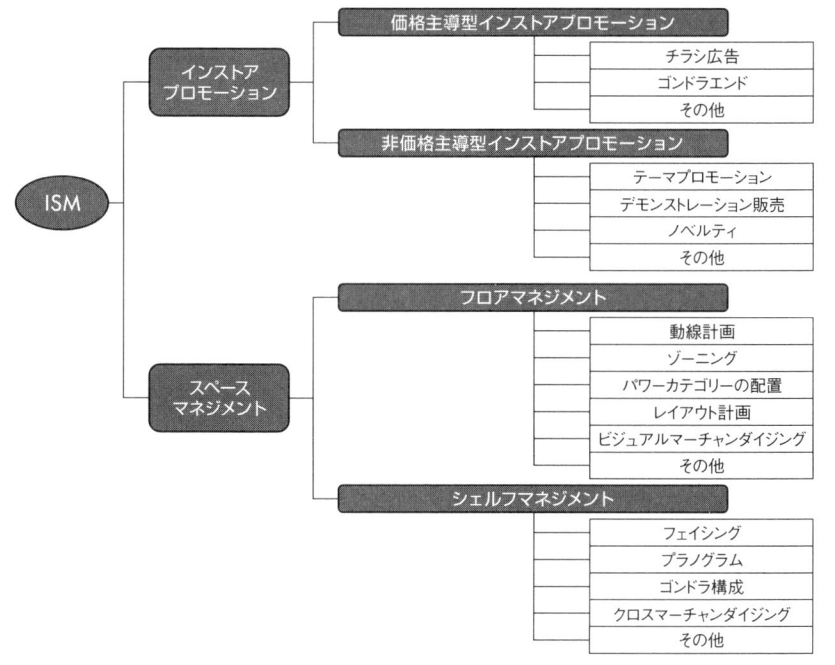

```
ISM ─┬─ インストアプロモーション ─┬─ 価格主導型インストアプロモーション ─┬─ チラシ広告
     │                              │                                      ├─ ゴンドラエンド
     │                              │                                      └─ その他
     │                              └─ 非価格主導型インストアプロモーション ─┬─ テーマプロモーション
     │                                                                      ├─ デモンストレーション販売
     │                                                                      ├─ ノベルティ
     │                                                                      └─ その他
     └─ スペースマネジメント ─┬─ フロアマネジメント ─┬─ 動線計画
                              │                      ├─ ゾーニング
                              │                      ├─ パワーカテゴリーの配置
                              │                      ├─ レイアウト計画
                              │                      ├─ ビジュアルマーチャンダイジング
                              │                      └─ その他
                              └─ シェルフマネジメント ─┬─ フェイシング
                                                      ├─ プラノグラム
                                                      ├─ ゴンドラ構成
                                                      ├─ クロスマーチャンダイジング
                                                      └─ その他
```

出典:『販売士検定試験2級ハンドブック』(日本商工会議所・全国商工会連合会編)を加筆修正

進活動です。価格主導型のものと非価格主導型のものがあります。

①価格主導型インストアプロモーション……値上げや低価格商品の大量陳列など、価格によってお買得感を演出する手法です。

②非価格主導型インストアプロモーション……テーマを統一したプロモーションやデモンストレーション販売など、価格以外のサービスや演出で、購買意欲を刺激する手法です。

(2)スペースマネジメント

　スペースマネジメントとは、売場の一定スペースの販売効率を高めることに主眼を置いた売場活性化技術です。フロアの効率性を考えるフロアマネジメントとゴンドラ内の効率性を考えるシェルフマネジメントに分類できます。

ストアオペレーション—❺

▶売場効率化の指標

Point 学習のポイント

　顧客の満足度が高い売場を作るために、インストアマーチャンダイジングで様々な取り組みを行った際、どの程度、成果が上がったかを把握することが重要です。その方法として、時間や人数をどのくらいかけて、どれだけ成果が出たかという、投入と成果のバランスから効率をみることが挙げられます。ここでは、効率化をはかる代表的な指標である人時生産性と労働分配率について学習しましょう。

人時生産性

(1)人時生産性の計算

　人時生産性とは、「ある一定期間の中で、1人の従業員が1時間当たりの労働で、どれだけ粗利益を稼ぎ出したか」という指標です。次の式で表されます。

人時生産性＝粗利益額÷総労働時間

---

(2)人時生産性を高める方法

　人時生産性を高めるには、粗利益額を高める方向と総労働時間を減らす方向の2つの視点が必要です。次のような項目が挙げられます。
　①売価の変更による特定商品の粗利益額の引き上げや商品ロスを管理を徹底してなくすことで、粗利益率を高める

②仕事の計画、作業割当て、仕事の改善や合理化を行い、1人の販売員の1時間当たりの担当坪数を拡大する
③デッドストックを把握し排除することで、売れる商品で適正在庫を維持する
④需要予測を正確に行うことや、発注業務を迅速に行うことによって、重点販売商品や売れ筋商品の品切れを防ぐ
⑤商品回転率を高めることで、坪当たりの売上高を増やす

労働分配率

(1)労働分配率とは

労働分配率とは、小売業の経営努力によって生み出した粗利益額の中で、どれだけ人件費に費やしたかを表す指標です。

> 労働分配率＝総人件費÷粗利益額

(2)経費の構成要素

労働分配率を見るときの大きなポイントである粗利益額は、経費と管理利益に大別されます。経費には、下図のような構成要素があります。

粗利益額の分配

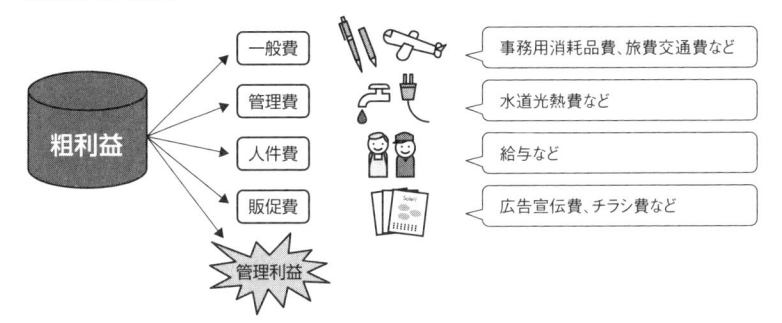

粗利益
- 一般費 → 事務用消耗品費、旅費交通費など
- 管理費 → 水道光熱費など
- 人件費 → 給与など
- 販促費 → 広告宣伝費、チラシ費など
- 管理利益

ストアオペレーション―❻

❺ディスプレイの目的

Point 学習のポイント

　小売店に行くと、店舗ごとに売場から受ける印象が異なります。それぞれの売場から消費者が受ける印象に大きく関係しているのが、どのようなディスプレイを展開しているかということです。ここでは、ディスプレイを実施する上で、把握しておく必要があるディスプレイの目的と、類似する概念である陳列、補充との違いについて学習しましょう。

ディスプレイの目的

　ディスプレイを行う際に重要なことは、その目的を把握し、目的に沿った取り組みを行うことです。目的が不明瞭なディスプレイは、顧客の購買行動を妨げる要因になります。

(1)購買心理過程との関係

　顧客との関係におけるディスプレイの目的は、その小売店に関わる経営理念、コンセプトを売場で表現しながら、商品の魅力や有用性を顧客に伝えることです。またそのために、顧客が商品を買いたいと思えるように顧客の生活シーンを演出します。

　ディスプレイは、顧客の購買心理過程（AIDMA＝注意・興味・欲望・記憶・行動）の中で、商品を比較選択しやすいストーリー性を持ったものでなければなりません。

(2)ディスプレイ技術との関係

　売場におけるディスプレイの目的は、ディスプレイ技術を駆使する

ことによって売上高を高めることです。ディスプレイの水準によって、同一商品でも売上が変化します。したがって売場担当者は、ディスプレイ技術を磨くことが重要です。

効果的なディスプレイを行うためには、顧客のライフスタイルを意識した商品配置が必要です。背景として、消費者のショートタイムショッピングやワンストップショッピング需要の高まりが挙げられます。

> ワンストップショッピング

(吹き出し:1箇所で買えて便利♪)

ディスプレイと陳列、補充との違い

(1) ディスプレイと陳列との違い

ディスプレイは広義では、陳列・装飾を意味する言葉として使われますが、陳列とは明確な違いがあります。

陳列	商品を売場に並べ置くこと
ディスプレイ	商品配置の計画性や戦略性を考え、装飾も含めて商品を並べること（商品の種類、数量を目的と照合して決定し、それに応じて背景や色彩、照明などを設営すること）

(2) ディスプレイと補充との違い

また、小売店の現場で慣習的にディスプレイと混同して使用されることが多い補充との違いは、次のとおりです。

補充	ゴンドラなどの什器にディスプレイされた商品のうち、販売した分だけを補充していくこと
ディスプレイ	計画的に顧客の購買を促進するという目的をもって決められた、売場スペースに商品を意図的に並べ飾る商品提案技術のこと

ストアオペレーション—❼

ディスプレイの技術

Point 学習のポイント

　小売店に行って、商品の並べ方や装飾によって、商品を欲しくなることや、欲しい商品でも購買する意欲がなくなることがありませんか。ディスプレイの巧拙は、小売店や商品の売上高に関係します。ディスプレイの巧拙に大きく影響するのは、ディスプレイ技術です。ディスプレイ技術の2タイプである「補充型陳列」の概要と具体例、「展示型陳列」の概要と具体例について学習しましょう。

補充型陳列の概要

　補充型陳列とは、一般的に消耗頻度、使用頻度、購買頻度が高い定番商品に適したディスプレイです。これはオープンストックとも呼ばれ、セルフサービス販売主体の売場づくりに適しています。見やすさ、選びやすさ、手に取りやすさがポイントです。

補充型陳列（例）

・最上段のディスプレイの高さを統一

・前進立体陳列の実施
・安定感のあるディスプレイの展開
・清潔感のある売場展開
・ディスプレイのパターン化

(1) 補充型陳列の留意点

補充型陳列を実施する際の留意点は、次のとおりです。
① 前面を一定ラインで揃える
② 商品を積むため、崩れないようにすること
③ 種類や大きさを揃えて美しく見せること
④ 最上段のディスプレイの高さを統一すること
⑤ ディスプレイのパターンを決めておくこと

(2) 縦割り陳列と横割り陳列

補充型陳列を実施する際に、縦割りで商品を陳列するか、横割りで商品を陳列するかを考える必要があります。

縦割り陳列、横割り陳列

■縦割り陳列

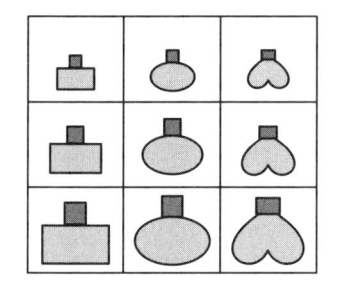

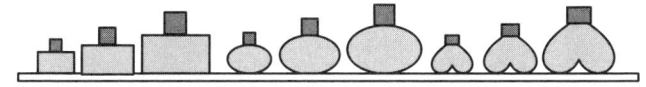

■横割り陳列

(1) 縦割り陳列のメリット
　a. 縦割りに色を工夫することで、顧客の注目を集められる
　b. 縦に比較商品を連続して配置することで、顧客が比較検討しやすい状態がつくれる
　c. 同一商品の品目、サイズ別に縦に並べることができるため、立体感とボリューム感を出すことができる

(2) 横割り陳列のメリット

小売店や商品のコンセプトを明確にしやすい

補充陳列の具体例

(1)単一ブランド集合訴求型陳列

コモディティ商品は、単一ブランドを一箇所に集めてボリューム感を出すことで、売れている感覚や安さを訴求することができます。

(2)多数ブランド複合訴求型陳列

多数のブランドの商品を数多くまとめて配置することで、顧客が比較購買しやすくなり、売上が向上する確率が高まります。

展示型陳列の概要

展示型陳列とは、小売店が売りたいと定めた専門性の高い商品をクローズアップしてみせるための、演出的な要素が強いディスプレイです。ショー・ディスプレイとも呼ばれ、対面販売主体の売場づくりに適しています。小売店が狙いとする流行商品や重点商品を流行のテーマをもって訴求することがポイントです。

展示型陳列

上段では、カラフルな商品で遠くからも目を引く演出の実施

流行のコーディネートなど、テーマを訴求する演出

(1) 展示型陳列の目的

展示型陳列には、「商品特性を的確に表現すること」「何が重要であるかを的確に認知させること」「展示型陳列のメリットを理解し、追求すること」という3つの目的があります。

(2) 展示型陳列の在り方

展示型陳列の在り方には、次の4つが挙げられます。
① 商品の適切な重点商品を選定し、テーマをもって訴求する
② 店頭、店内での広告効果、心理効果を発揮させる
③ 集視ポイントを設置し、店内の回遊性を流動させる
④ 品ぞろえやディスプレイ方法で演出を工夫する

商品のライフサイクルと表現方法

	表現方法	展示場所
導入期	・テーマに合わせたトータルコーディネートの徹底 ・POP広告は控えめに添付	道路側ショーウィンドウ、入口側主通路付近
成長期	店内の各カテゴリーに合わせて、展示陳列の具体的な実施計画の立案	店内中央部
成熟期	・価格面での安さを強調（テーマの明確性は維持） ・スポットの単品特売を意図	特売用スペース、出口側通路付近

(3) 展示型陳列の具体例

① 着せつけ陳列

マネキン人形に衣料を着せ、着用した様子を訴求。

② 吊り下げ陳列

天井からハンガーで商品を吊り下げ、顧客の視線に合わせて訴求。

③ 掛け陳列

椅子に腰かけた姿勢のマネキン人形に商品を掛けることや、柱に商品を掛けることで、着せつけた感じを演出して訴求。

ストアオペレーション—❽

ディスプレイの方法

Point 学習のポイント

小売店のディスプレイには、様々な方法があります。店舗の業態や規模、コンセプトなどによってディスプレイの方法を使い分けることで、効果的に顧客への訴求を行うことが重要です。

代表的な集中的ディスプレイ、関連的ディスプレイ、感覚的ディスプレイについて学習しましょう。

代表的な3つのディスプレイ

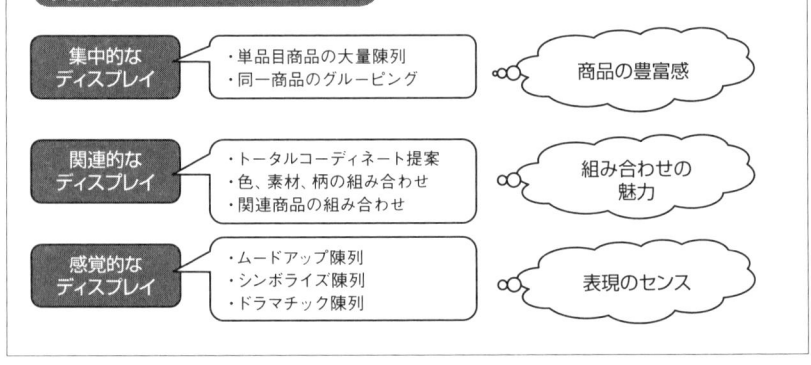

ディスプレイ	特徴	訴求
集中的なディスプレイ	・単品目商品の大量陳列 ・同一商品のグルーピング	商品の豊富感
関連的なディスプレイ	・トータルコーディネート提案 ・色、素材、柄の組み合わせ ・関連商品の組み合わせ	組み合わせの魅力
感覚的なディスプレイ	・ムードアップ陳列 ・シンボライズ陳列 ・ドラマチック陳列	表現のセンス

集中的ディスプレイ

集中的ディスプレイは、量販店で取り組む場合と、専門店で取り組む場合で、性格が異なります。

(1)量販店で取り組む場合

店頭、店奥で同一種類の商品を大量陳列する方法を実施します。一定期間に、目標数量を販売するときに有効です。

(2)専門店で取り組む場合

デザイン、素材、用途・目的などの基準で同一の商品カテゴリーをグルーピングし、各グループにテーマを設定します。店舗や商品のコンセプトを伝えやすくなります。

関連的ディスプレイ

重点商品と関連する商品を組み合わせて関連的にディスプレイを行うことで、重点商品と共に関連商品も目立たせることができます。相乗効果が予測できる商品を組み合わせて訴求することにより、ついで買いを促進し、1人当たり客単価をアップすることができます。

関連的ディスプレイの組み合わせの基本

基本要素	組み合わせの特徴	
色	・同系色の組み合わせ	・反対色の組み合わせ
素材感	・同素材との組み合わせ ・異素材との組み合わせ	・類似素材との組み合わせ
柄	・同じ柄の組み合わせ ・類似柄の組み合わせ	・異なる柄との組み合わせ

感覚的ディスプレイ

ファッション性やデザイン性を加味した商品を中心に、感覚的な要素を含めてディスプレイを計画する必要があります。

①ムードアップ陳列……雰囲気を高めて、商品の持つ価値や特長を強調するディスプレイ方法です。主に、高級品のショー・ディスプレイで使用されます。

②シンボライズ陳列……商品とモチーフ（主題）によって、ディスプレイの狙いを象徴的に表すディスプレイ方法です。

③ドラマチック陳列……劇的な表現形式のディスプレイ方法です。顧客に自分が商品を使用するシーンを連想させることで、商品への欲求を高める手法です。

ストアオペレーション—❾

◆注目率の高まる売場づくり

Point 学習のポイント

　小売店で買物をしているときに、思わず目が留まるコーナーや立ち寄ってしまうコーナーがあります。小売店では、意図的に来店客の注目を集める売場やディスプレイを作る工夫がなされています。顧客の注目を集める売場づくりやディスプレイを作るための3つの手順について学習しましょう。

注目の高まる売場づくりの手順

- 集視ポイントの設置 — ついつい目が留まる
- ゴールデンラインの検討 — 見やすく手に取りやすい高さ
- 特設コーナーの演出 — ここだけ、他と違った雰囲気

集視ポイントの設置

(1)集視ポイントとは

　小売店における顧客へのPR拠点であり、小売店の個性を訴求する場所です。来店客の目を引きつけ、足を止めさせ、衝動的な購買に結

びつけるための売場内のポイントを指します。

(2) **集視ポイントの位置**

店頭、店内奥正面などに設置します。店内の主通路を中心として、顧客を回遊させる上で効果的な場所に設けることが基本です。

店内誘導のための集視ポイントの設置場所（例）

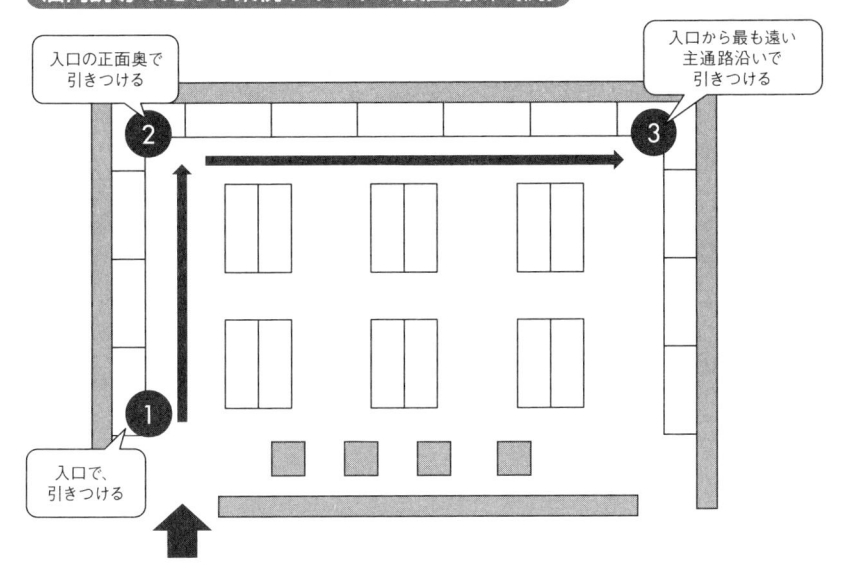

- ❷ 入口の正面奥で引きつける
- ❸ 入口から最も遠い主通路沿いで引きつける
- ❶ 入口で、引きつける

ゴールデンラインの検討

ゴールデンラインとは、顧客にとって最もみやすく、手に取りやすい高さのことです。また、離れた場所からみやすい高さと、商品に近づいたときにみやすい高さを考えることが重要です。

特設コーナーの演出

特設コーナーは、店内の一部に他の売場と異なった雰囲気で展開する専門的な品ぞろえコーナーです。狭いスペースで常設的な集視ポイントとして活用できるメリットがあります。

ストアオペレーション―❿

●レイバースケジューリングプログラム

Point 学習のポイント

　小売店では、販売員のスケジュールを適正に管理し、限られた人件費を有効に使い、成果を上げていくことが重要です。ここでは、無駄な作業を排除し、適正な人数で売場を運営していくためのレイバースケジューリングプログラム（LSP）の概要と、LSPの活用による効率的売場運営について学習しましょう。

レイバースケジューリングプログラム（LSP）の概要

　LSPは、アメリカで考案された生産性向上を図るシステムの1つです。日本の小売業への導入は、大手チェーンストアが「無駄な作業の排除」を目的として取り入れたことがきっかけで進みました。
　LSPの機能は、チェーンストアの本部が作業と作業量を明確に捉え、各作業に必要な従業員と、適正な作業員数を振り分けることです。作業に適正な従業員を割り当てることが基本的な考え方です。

LSPの考え方

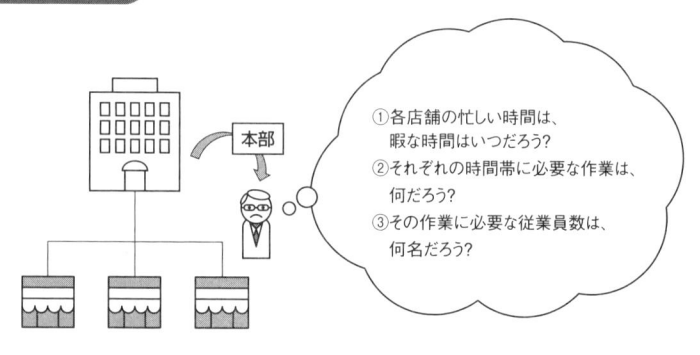

本部

①各店舗の忙しい時間は、暇な時間はいつだろう？
②それぞれの時間帯に必要な作業は、何だろう？
③その作業に必要な従業員数は、何名だろう？

LSPの活用による効率的売場運営

LSPにより効率的売場運営を行う際の留意点は、次のとおりです。
(1) 日々の売上高予測の精度を高めること

LSPでは、売上高予算から作業量を算出します。従って、売上高予測の精度が重要になります。精度を高めるために、各部門の責任者に前提条件をもとに日々の売上を予測させ、週間単位、月間単位で売上高予算を立案させる必要があります。

売上高予測の前提要因

前提要因	前提要因の具体例
前年のこの時期(日)に何が売れていたか？	この時期は、シルクのマフラーが売れていた
事前に計画した販促計画では、この時期(日)に何を強化するか？	販促計画では、レザーの手袋を強化する
この時期(日)にあったイベントや習慣は何か？	クリスマス用ギフト
この時期(日)の天気や気温はどうなるか？	今年の冬は、例年より寒い 明日の天気予報は、晴れである
競争店で、どのような強化商品やイベントがあるか？	隣の競合店では、セーターの品ぞろえが豊富だ

(2) 売上高予算に合わせた日割り人時枠の設定

売上高予算を達成するために必要な従業員数を過不足なく、作業に割り当てる必要があります。日割り人事枠は、日々の売上高予算を月次の人時予算枠で割って、人時売上高を算出します。

(3) 日々の特徴に合わせた人時枠の設定

パートタイマーの月間勤務スケジュールの編成では、重点的な販促日に1時間当たりの人数を多く、閑散日には1時間当たりの人数を少なくします。

ストアオペレーション―⓫

▶販売員の役割と使命

Point 学習のポイント

　小売店へ買物に行ったとき、販売員の印象で、その店舗での出来事を良く感じたり、悪く感じたりすることがあるのではないでしょうか。仲の良い販売員がいるので、その店に買物に行くという人もいるでしょう。販売員は、効果的な販売業務および販売促進活動の両方を行う役割を担っています。ここでは、販売員の役割と接客サービスの基本について学習しましょう。

販売員の役割

　販売員が店頭で行う接客を人的販売活動といい、顧客満足と小売店の利益確保を目的として、顧客との対話を通じて行われるプレゼンテーションを指します。買物しようとする顧客の購買心理に働きかけることで需要を喚起し、楽しい買物をサポートする役割を担っています。

(1)買回品・専門品における販売員の役割

　買回品の特徴は何店舗かを回り、価格、アフターサービスなど、類似商品の比較をして購買することです。専門品は、買回品より高額で、購買までの商品の比較検討にかける労力と時間が多くなります。買回品、専門品は販売員の応対によって消費者の信頼を得ることができれば、自店で購入してもらえる確率が高まります。

(2)最寄品における販売員の役割

　最寄品の特徴は、日常的に使用し、消耗と購買の頻度が高いことで

す。同一商品を継続的・習慣的に補充する目的で購買されることが多く低価格です。従って、購買までにかける労力と時間は少なく、販売員は、感じよく迅速な接客を行う必要があります。

商品の分類に関する顧客と店舗の動き

	顧客動向の特徴				店舗動向の特徴	
	顧客の情報収集力	店頭での購入時間	商品の購入決定	購買頻度	販売員の関与	価格
最寄品	高い	短い	購入時点	高い	低い	低い
買回品	↑	↑	↑	↑	↓	↓
専門品	低い	長い	非購入時点	低い	高い	高い

接客サービスの基本

顧客が求めている商品や情報を、タイミングよく気持ちのよい態度で提供することが、接客におけるサービスです。顧客が求めている商品や情報とは、顧客の生活を便利、快適、豊かにするものです。

[サービス提供の基本的心構え]

サービスの平等化	接客の順番を守る、得意客への配慮など、接客の基本ルール
要望にもとづくサービス	顧客が欲するものが何かを知り、それに合った商品やサービスを提供すること
細かい配慮	商品の傷の確認、アフターケア方法の説明など、売るだけでなく顧客の立場に立った配慮をすること
誠意	接客は、商品の受け渡しではなく、顧客との対話であると心がけること

ストアオペレーション―⓬

➡販売員の資質向上策

Point 学習のポイント

小売店で販売員に接客をしてもらったとき、販売員によってレベルが異なるという経験をしたことはありませんか。小売店は、顧客に満足してもらうために販売員を育成し、販売員が無駄なく動ける売場体制を整備する必要があります。ここでは、販売員育成の階層的プロセスと売場指揮について学習しましょう。

販売員育成の階層的プロセス

販売員を育成していくためには、次の階層的プロセスを踏む必要があります。

販売員育成のための4つのステップ

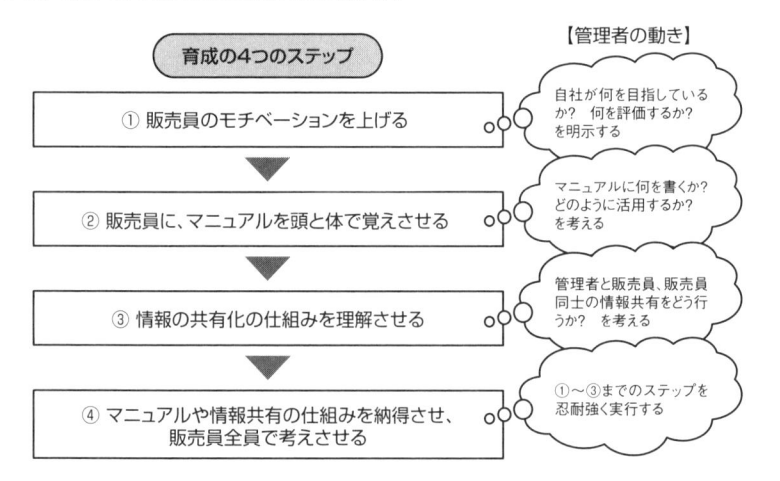

【育成の4つのステップ】

① 販売員のモチベーションを上げる
② 販売員に、マニュアルを頭と体で覚えさせる
③ 情報の共有化の仕組みを理解させる
④ マニュアルや情報共有の仕組みを納得させ、販売員全員で考えさせる

【管理者の動き】

- 自社が何を目指しているか? 何を評価するか? を明示する
- マニュアルに何を書くか? どのように活用するか? を考える
- 管理者と販売員、販売員同士の情報共有をどう行うか? を考える
- ①~③までのステップを忍耐強く実行する

(1)動機づける

　経営者や店長が、自店にとって良い仕事や、小売店として目指すポイントを明確に示し、販売員が力を集中できる焦点を定めることで、販売員のやる気を引き出します。

(2)マニュアルの使用、しつけ

　仕事に不慣れな販売員を、短期間で一定の水準まで育成するために、経験が浅い販売員に対しては、マニュアルを使って教育を行います。同時に、精神面、理論面でも販売に慣れてもらうために、礼儀正しい態度や言葉づかいを教える「しつけ」教育を行います。

(3)理解させる

　良い仕事を行うためのスキルや知識を教えることで、理解を促進します。マニュアルと一緒にノートを活用することで理解が進みます。

(4)納得する

　理解したスキルを実際の業務の中で経験させ、納得させます。押しつけではなく、自ら考える機会を作り出すことが重要です。

売場指揮

　売場の責任者は、販売員が顧客に適切にサポートを行えるように、売場を保つ責任があります。

(1)フォーメーション決め

　フォーメーションとは、売場を守る販売員の人数、定位置、役割を決めることで、編成とも呼ばれます。販売員の定位置は、「自分の担当商品が見える」「顧客の視線が見える」「すぐに顧客にアプローチできる」という3点に留意して決める必要があります。

(2)商品補充と品切れの防止

　販売員は、目の前の顧客に対する販売に集中し、商品の補充を忘れることや品切れに気づかないことがあります。責任者は、必要に応じて販売員に商品補充を促すことが必要です。

ストアオペレーション—⓭

➡ 専門店販売の接客技術

Point 学習のポイント

　洋服や雑貨などの専門店に行ったとき、商品知識が豊富な販売員に接客してもらった経験はありませんか。専門店では、優れた販売員がいることで、顧客の支持を集められる可能性が高まります。ここでは、人的販売の重要性と効果、販売員の実践知識について学習しましょう。

人的販売の重要性と効果

(1)人的販売の重要性
　人的販売には、次の4つのポイントがあります。
①商品と顧客の仲介役
　小売業の本業は、商品と消費者の見合いの場であり、人的販売はその仲介人と位置づけることができます。
②感性や感覚を要求する商品の推奨
　デザイン、色彩などの感性や、ライフスタイルなどの感覚が選択基準になる商品に対して、人的販売による推奨が有効です。
③初心者に対する助言
　知識が不足しているために自分の好みを把握できない初心者に、商品の特徴、価格帯、使用年数など様々な角度から助言をすることで、購買をサポートします。
④利益率の向上に寄与
　人的販売は、高付加価値商品の販売や、購買の後押しをすることが

できるため、利益率の向上を図ることができます。

(2)人的販売の効果

人的販売には、次の5つの効果があります。

①固定客の増加

顧客ニーズを満たす接客によって、次の指名買いにつながります。

②小売店の信用の構築

顧客満足を高める接客の積み重ねが、店舗の信用につながります。

③小売店の営業力の向上

顧客とマンツーマンの会話で、趣味の話題や悩みなどを引き出し、多様な商品提案を行えば、販売につながる機会が広がります。

④販売員の能力の向上と働く喜びの創出

接客した顧客が自分を訪ねて店舗に来店するなど、喜びを感じる瞬間が生まれることで、知識や技術を磨く動機につながります。

⑤生きたマーケティング情報の把握

マンツーマンの接客によって顧客から得た情報は、商品開発における最も有効なマーケティング情報になります。

顧客の購買心理過程と小売店の接客の動き

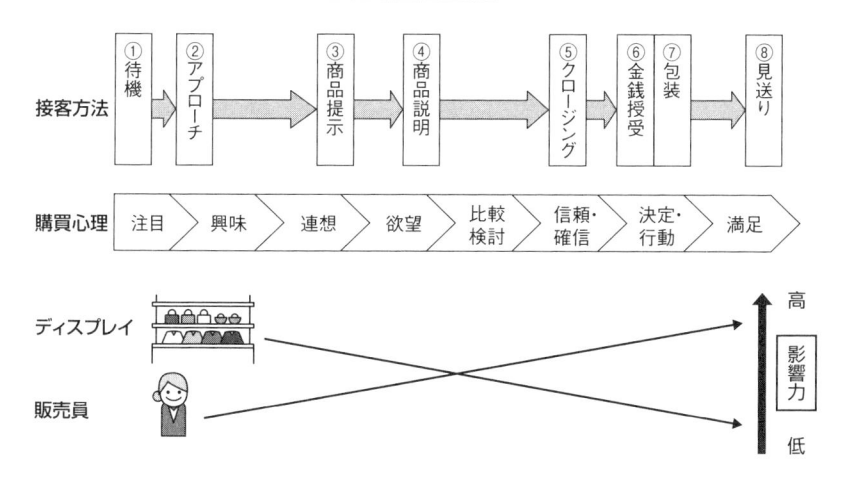

接客方法	①待機	②アプローチ	③商品提示	④商品説明	⑤クロージング	⑥金銭授受	⑦包装	⑧見送り
購買心理	注目	興味	連想	欲望	比較検討	信頼・確信	決定・行動	満足

ディスプレイと販売員の影響力(高/低)を示す図

ストアオペレーション―⑭

職場における販売員管理

Point 学習のポイント

優れた販売員を育成し、その販売員の力を引き出すことができる環境を整えることが、小売店の魅力の向上につながります。小売店では、販売員の育成も含めた販売員管理に留意する必要があります。本節では、販売員管理の重要な取り組みであるジョブ・ローテーションと職務割当てについて学習しましょう。

ジョブ・ローテーション

ジョブ・ローテーションとは、従業員の職務を定期的に変動させることで、多面的な仕事を経験させるための人材育成方法です。

ジョブ・ローテーション実施のメリットとデメリット

メリット	デメリット
・仕事内容のマンネリ化を防ぐことで、販売員の意欲の低下を防止することができる ・視野が広い人材を育成することができる ・トータルコーディネートのセンスを養わせることができる	・顔なじみの販売員が異動することで、固定客の購買意欲を低下させる

職務割当て

職務割当てとは、1人ひとりの販売員の能力に合った仕事を割り当てることです。

(1) 職務割当て実行時の留意点

①仕事の分析

　売場で各従業員が担当している仕事を分析します。職場環境や事業方針の変化により、仕事の見直しや修正、廃止などを実行します。

②部下の能力の正確な把握

　部下の能力を人事考課などの査定とは別に、現場に即して把握します。能力の高低だけでなく、内容が特性と合っているか、能力を高める方法にはどのようなものがあるかを同時に探索します。

③仕事と部下の能力との的確な結合

　仕事を分析した上で、不要な仕事を削除し、必要な仕事をつけ加えます。更に、全店や部門内で仕事を組み立て、最も適した能力を持っていると思われる部下に再割当てを行います。

(2)職務の再割当て時の留意点

①仕事と責任の範囲の明確化

　各自の仕事内容を明確にすることで、責任を持って仕事を遂行しようという意欲が生じます。

②職場における人間関係への細かな配慮

　部下の能力と仕事の内容に加え、販売員同士の人間関係も含めて考えます。人間関係が良くない従業員同士を組み合わせると、仕事が円滑に進まないことに加え、退職問題が発生することがあります。

③同質的な仕事の一括割当て

　同じ種類の仕事を、1人の販売員に専門的に運営させて能率を上げます。

④職務拡大

水平的拡大	水平的職務負荷とも呼ばれ、現在行っている仕事と同じレベルの別の仕事を与えること
垂直的拡大	垂直的職務負荷とも呼ばれ、高いレベルの仕事と低いレベルの仕事を組み合わせて与えること

ストアオペレーション―⑮

販売員の教育訓練

Point 学習のポイント

　新しい習い事をはじめたときは、最初に手順を教えてもらって、次に教えてもらった手順を何回も練習します。販売技術も、最初に接客の方法を教えてもらって、次に接客を何回も練習します。自店で成功している接客方法は上司や先輩から教えてもらえますが、最新の方法や他店で成功した方法は、店舗外の勉強会などに参加して教えてもらいます。

OJTで継承し、Off-JTで変革する

【職場内訓練(OJT)】
- ☑ 職場の技術や技能を継承できる
- ☑ 職場の人間関係が作れる

【職場外訓練(Off-JT)】
- ☑ 新しいやり方や知識を習得できる
- ☑ 職場を新しく変える力がある

OJTとOff-JT

(1) OJT (On the Job Training)

　OJTとは、職場内教育のことです。職場の上司や先輩が部下や後

輩に、仕事をしながら、計画的に仕事のやり方などを教育訓練します。
(2) Off-JT（Off the Job Training）
　Off-JTとは、職場外教育のことです。職場を離れて、本部や外部企業が、受講者に対して新しいやり方を教育訓練します。
(3) **教育訓練の分野**
　教育訓練する分野は態度と知識と技能とがあります。

態度の教育	評定や動作、言葉づかいなどのマナーや精神
知識の教育	商品知識、顧客の購買心理、伝票や金銭授受の知識
技能の教育	ロールプレイングなどによる実際の接客実施指導

　ロールプレイングでは、参加者に販売員と顧客の役割を与えて、接客を実際にやりながら教育訓練します。

対象別の教育

(1) **新入社員教育**
　しつけ教育を中心に、態度・知識・技能を総合的に教育訓練します。1週間程度の集合研修が多い。
(2) **中堅販売員教育**
　ロールプレイングなどの方法を中心に、職務遂行能力の向上や悪い癖の矯正などにより、店舗のルールに従って1人で仕事がこなせるように教育訓練します。
(3) **ベテラン販売員教育**
　会議方式・ケースメソッド（事例研究）・パネルディスカッションなどの方法を中心に、店舗のルールに従って1人で仕事ができる販売員が、更に能力を伸ばすように教育訓練します。パネルディスカッションは、専門知識を持った少数のパネラーが、司会者のもとで専門事項を多面的に討議する方法です。

第**4**章

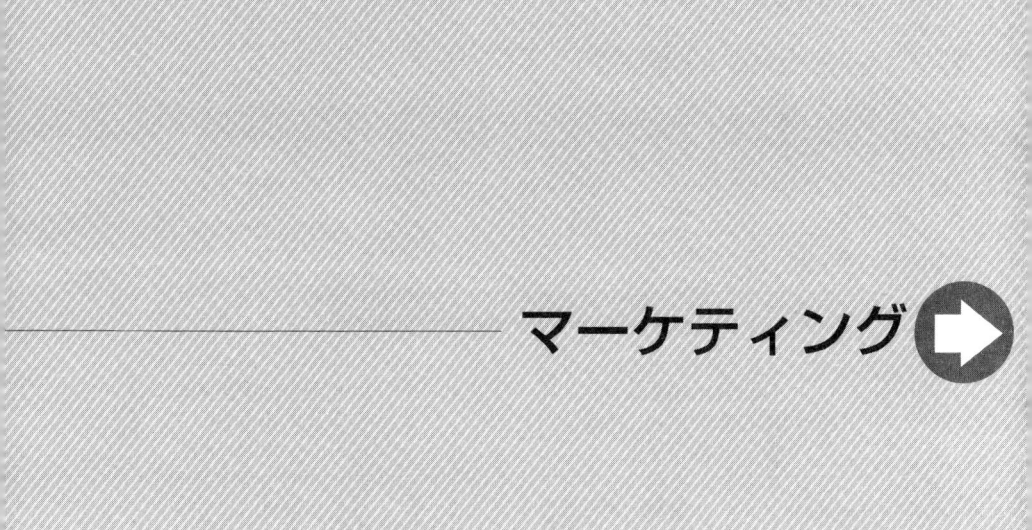

マーケティング ▶

マーケティング―❶

➡消費スタイルの変化

Point 学習のポイント

いつもよりお金に余裕があったら、少しぜいたくな買物をするでしょう。いつもどおりの生活をするための最低限の食費や家賃、光熱費の消費を基礎的消費といいます。生活を豊かにするために、個人的な意思で選ぶ教養や娯楽、レジャーの消費を選択的消費といいます。現在の消費を調べると、選択的消費の割合が増えています。

消費には基礎的消費と選択的消費の2種類がある

基礎的消費	選択的消費
普段の生活をするための消費 必要最低限の消費	少しぜいたくな消費 好きなものに費やす消費

消費の種類

(1) 基礎的消費

生活する上で最低限必要な食費・家賃・水道光熱費などの物やサービスの消費です。

(2) 選択的消費

少し生活に余裕ができたときに、生活を豊かにしたり、楽しくした

りするために個人が選ぶ教養・教育・娯楽・レジャーなどの物やサービスの消費です。最近は消費の中で、基礎的消費の割合が減って、選択的消費の割合が増えています。

(3)経験的消費

絵を描いたり、演劇・スポーツをみたりして満足感やスリル、楽しみなどを経験しようという消費です。

(4)商品情報の消費

同じチョコレートを食べたときに、「厳選した豆を使って、有名なシェフが作りました」といわれて食べるほうがおいしく感じます。消費者は、単に商品を消費するだけよりも、商品のよいところ、こだわりなどを知って消費することに意味や喜びを感じます。

「自分らしさ」を表現する消費スタイル

近年、消費者が商品によって「自分らしさ」を確認、表現、実現しようという方向に変化しています。「自分らしさ」を表現したい消費者に、商品をカスタマイズするサービスを提供することがあります。カスタマイズとは、ふつうの商品を買った後に、その商品を改良して自分好みに仕上げることです。それに対してオーダーメイドは、購入前に自分の好みや体型に合った商品を注文して生産してもらうものです。カスタマイズは、ふつうの商品に一部分の改良を加えるだけですが、オーダーメイドは、他にない商品を限定して作ります。カスタマイズはオーダーメイドに比べて割安です。

カスタマイズ	ふつうの商品を買って、自分好みに改良する。オーダーメイドより割安
オーダーメイド	自分好みの商品を作ってもらう。カスタマイズより割高

マーケティング—❷

▶マーケティング機能の強化

Point 学習のポイント

　アクセサリーや小物、化粧品や雑貨などを、自分で選ぶのは楽しいものですが、プロの使い方やテクニックをアドバイスしてもらうのも嬉しいものです。自分が普段感じている疑問や悩みを聞いてくれて、その疑問や悩みに応えてもらえるとさらにうれしいものです。新しい提案をしたり、顧客の悩みに応えたりする販売スタイルが求められています。

販売員は顧客の疑問や悩みに応えることが重要

明るい色は、
着こなしが難しそう…

中にお召しになるものを、
黒やグレーなどの落ち着いた色にすると、
バランスが良いコーディネートに
なります

提案型販売

　販売員は、顧客に比べて商品のことをよく知っています。その商品知識を使って、顧客の好みや流行のライフスタイルに合った商品や使い方を提案していく販売スタイルを提案型販売といいます。

(1)用途提案型
　商品の新しい使い方を説明したり、実際にみせて提案する販売スタ

イルです。

(2) 生活提案型

　ある企業や有名人などのコンセプトやポリシー、価値観などを前面に出して、そのコンセプトなどを表現する商品や商品の組み合わせを提案する販売スタイルです。

(3) 体験型

　買う前に商品を体験できるようにして、顧客に商品の楽しみを体験してもらうことで、商品の楽しみ方を提案する販売スタイルです。

コンサルティング・セールス

　自分の悩みや好みをしっかり理解してくれている販売員に、「あなたの悩みを解決するのはこの商品です」「こんな商品を使えば、あなたの好みどおりになります」とアドバイスされると嬉しく感じます。コンサルティング・セールスは、顧客とお話しして、顧客の悩みや要求を理解して、それに応える商品を提案する販売スタイルです。

　コンサルティング・セールスは、顧客1人ひとりとお話しして、顧客ごとに違う対応をするため、時間と労力がかかります。その時間と労力をそのまま販売価格にプラスすると、商品の販売価格が高くなりすぎます。また、コンサルティング・セールスを嫌がる顧客もいます。コンサルティングをしてほしい顧客に対して、販売価格が高くなりすぎないように努力しながら、コンサルティング・セールスをすることが大切です。

提案型販売	販売員の商品知識と顧客やメーカーの情報などを合わせて、商品の新しい使い方や組み合わせ、楽しさなどを提案する販売スタイル
コンサルティング・セールス	顧客との対話から顧客の悩みや要求を引き出し、悩みや要求に応える商品を提案する販売スタイル

マーケティング—❸

マーケティング・ミックス

Point 学習のポイント

あなたにとって、どんな店がステキでしょうか？　どんな店が買物しやすいですか？　「商品に合った場所や雰囲気が商品に合っている店」「ほしい商品が綺麗に並んでいる店」「納得できる販売価格の店」「店員が親切だったりサービスがよい店」といろいろな意見があります。顧客に「ステキな店」と思ってもらえるように、店の場所や雰囲気・品ぞろえ・販売価格・サービスをどう組み合わせたらいいか、工夫することが大切です。

小売店は4Pを最適に組み合わせるマーケティング・ミックスを考えることが重要

〈小売業の4P〉
場所はどうか？（プレイス）
品ぞろえはどうか？（プロダクト）
販売価格はどうか？（プライス）
広告や接客など、売り方はどうか？
（プロモーション）

マーケティング・ミックスの要素

　店舗の場所や雰囲気・品ぞろえ・販売価格・サービスの組み合わせをマーケティング・ミックスといいます。店舗の場所や雰囲気を「プ

レイス（Place）」、品ぞろえを「プロダクト（Product）」、販売価格を「プライス（Price）」、販売促進を「プロモーション（Promotion）」といいます。この４つがマーケティング・ミックスの要素であり、頭文字から「４Ｐ」といわれます。

(1)プレイス

　店が来てほしいと思っている顧客が集まる場所やライバル店の状況などを考えて、顧客が来やすい場所に、ライバル店と違う店を作ります。

(2)プロダクト

　店が来てほしいと思っている顧客にとって便利な商品を組み合わせて、顧客に新しいライフスタイルを提案します。

(3)プライス

　店の販売価格は、店がある地域や季節、ライバル店の販売価格などによって、顧客に買ってもらえて店が儲かるものに変えます。

(4)プロモーション

　店の販売促進は、顧客に合わせたイベント、広告、口コミなどで顧客を店に集めたり、独自の接客サービス、店内レイアウト、ディスプレイなどで、店の商品をたくさん買ってもらうようにします。

小売業のマーケティング・ミックス

　小売店の場合、４Ｐのうち「プロダクト」が最も大切です。店が来てほしいと思う顧客の様子を考えて、顧客がほしい商品や、顧客に提案できる商品を、顧客にわかりやすく分類して店舗にディスプレイします。

マーケティング—❹

プレイス

Point 学習のポイント

　オシャレな服を買いたいと思ったら、地元の洋品店より、オシャレな街にある店に行くでしょう。どの店に行くかを顧客が決めるとき、店のある場所や雰囲気が大きく影響します。オシャレな商品を売る店は、オシャレな人が集まるオシャレな街に出店します。毎日買う野菜などを売る店は、住宅街に出店します。

様々なデータ、調査から立地条件を選定する

- 店のターゲットは、オシャレな若者です
- どこに店を出すか？
- すると、オシャレな若者が集まる渋谷、原宿が良いですね
- 渋谷、原宿の若者の昼間人口や購買行動を調べてみましょう
- 競合店の状況も確認しましょう

立地条件

　店を出す場所を決めるとき、最初に「どの都市に出すか（商業立地）」を決めて、次に「その都市のどの位置に出すか（店舗立地）」を決めます。「どの都市に出すか」を決めるときの要因には次のものがあります。
・ジオグラフィック要因：地理的要因。都市の歴史・風土など

・デモグラフィック要因：統計的要因。人口・所得水準など
・サイコグラフィック要因：心理的要因。購買習慣・ライフスタイルなど

「その都市のどの位置に出すか」を決めるときには、店に来てほしい顧客の行動などから「時間の便利性」「場所の便利性」「買い方の便利性」を考えます。店に来てほしい顧客を考えるとき、無差別的セグメントと差別的セグメントとがあります。

(1)無差別的セグメント

最寄品や消耗品を中心に販売する店では、店の近所の狭い地域に住んでいる人のうち、多くの人を顧客にしようと考えます。地域に住んでいる人全員にアプローチして、狭い地域に住んでいる人の多くを顧客にしようとする方法を無差別的セグメントといいます。

(2)差別的セグメント

買回品や専門品を中心に販売する店では、広い地域に住んでいる人のうち、年齢や性別、ライフスタイルなどが店のコンセプトに合う人だけを顧客にしようと考えます。広い地域に住んでいる人のうち、店のコンセプトに合う人だけを顧客にしようとする方法を差別的セグメントといいます。

戦略的商圏

店に来てほしい顧客の多くが集まる地域や、住んでいる地域がわかっているのであれば、その地域に店を出して、その地域に集中してチラシ広告を入れたり、地域の特徴に合わせて品ぞろえをする方が効率的です。顧客が集中していて、その地域の特徴に合わせれば売上が多く見込める地域を戦略的商圏といいます。戦略的商圏は顧客の行動やライバル店の状況、地域の特徴などから決めます。

マーケティング―❺

⮕ プロダクト

Point 学習のポイント

　自分が詳しくない商品を買うとき、ちょっとみたり触れたりする程度では、その商品が高価なのか安価なのかがわからなかったり、高価だと感じたことに自信が持てないことがあります。商品に高級ブランドのマークが入っていたら、「これは高価だ」「品質は安心だ」とわかります。また、どれを選んでよいかわからないとき、よく知っているブランドのマークが入っている方が安心できます。ブランドは、顧客に安心感を与えたり、顧客の信頼を得たりする資産価値を持っています。

ブランドそのものが意味を持つ

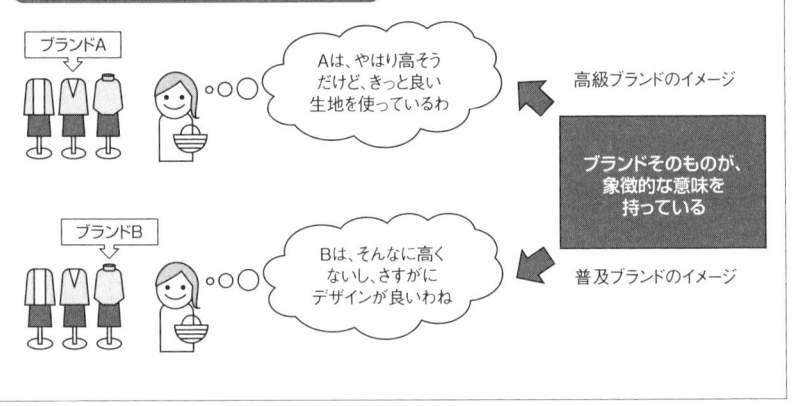

ブランドA
Aは、やはり高そうだけど、きっと良い生地を使っているわ
→ 高級ブランドのイメージ

ブランドそのものが、象徴的な意味を持っている

ブランドB
Bは、そんなに高くないし、さすがにデザインが良いわね
→ 普及ブランドのイメージ

ブランドの機能

　ブランドはある企業やグループの商品・サービスであり、ライバル店のものと違うことを表す名前や用語、記号、マーク、デザインなど

です。ブランドを商標として登録したときは、そのブランドは商標法によって守られます。ブランドには次の機能があります。
(1)識別機能：他商品と識別する
(2)出所表示機能：商品についての責任者を示す
(3)品質保証機能：品質の保証や目安にする
(4)象徴機能：ブランドイメージを形成・確立する
(5)情報伝達（広告）機能：ブランドで商品を訴求する
(6)資産機能：ブランドによる安心感や信頼感などの無形資産価値を持つ

プライベートブランド

　メーカーや生産者でなく、小売業や卸売業が持つブランドをプライベートブランド（PB）といいます。メーカーや生産者が持つブランドをナショナルブランド（NB）といいます。小売業がPB商品を企画する場合、その小売業の顧客の好みやライフスタイルを取り入れた商品を並べられるというメリットがあります。小売業が持っているPB商品は、他の小売業では仕入れられないため、他社との違いを示したり、顧客を自店につなぎとめる手段にすることができます。販売価格を自由に決められることと、商品企画を小売業自身がやることによるコスト削減から、PB商品は粗利益率が高くなります。PB商品は、他社との差別化や顧客の固定化、高い利益率確保のために使われます。
　小売業がPB商品を開発するためには、開発したPB商品を販売する販売力や、顧客の好みを商品に具体化する企画力が必要です。

マーケティング—❻

➡ プライス

Point 学習のポイント

　特売チラシを見て「安い」と思って店に行ったとき、チラシに載っている商品は他の店より安いものの、チラシに載っていない商品は他の店より高かったことはありませんか？　顧客が店を選ぶとき、店舗の販売価格イメージは大切です。小売店は商品ごとに販売価格を高くしたり安くするなどして、儲けを増やすことと割安イメージで顧客を増やすこととの両方を考えます。

一部の商品の価格引き下げによって安さを演出する

割安商品　　　通常商品

お買得！　　この商品は安い！

すべての商品の割引ではなく、一部の商品の価格を下げることで、心理的に「この店は安いんだ」という印象を与えることができる

売価設定のポイント

　小売店は仕入原価に粗利益をプラスして販売価格にしたり、一般的に知られた市場価値を販売価格にするだけでなく、ライバル店や顧客の心理を意識した販売価格にすることが大切です。
　ライバル店よりも低い販売価格にして、安さでライバル店と差別化

します。あるいは、ライバル店より高い販売価格にして、販売価格以上の高レベルサービスで差別化します。

また、販売価格の末尾の数字を8や9の端数にして、心理的に安いイメージにする端数価格や、一部の商品だけを安くして、店全体の価格を安いイメージにする方法があります。

一方、特定少数の商品の販売価格を大きく引き下げるより、多くの商品を少し引き下げた方が、店全体の安いイメージをつくるのに有効であることを「ドロシーレーンの法則」といいます。

売価の種類

売価には次の種類があります。

ディスカウントプライス	一定品質の商品を、コスト削減努力によって一定ラインまで引き下げた売価
プロパープライス（定価）	値引きや廉売しない売価
ディープディスカウントプライス	特別の時期に、大量仕入により実現する超低価格の売価
ローワープライス	一定品質の商品について、通常価格よりも低くした売価
ポピュラープライス	誰でも安心して買える売価
モデレートプライス	ポピュラープライスよりも少し高めの売価
ベタープライス	やや高級な売価
ベストプライス	高級品や特殊品につける売価
目玉価格	集客のため、粗利益を意図的に下げた売価。目玉価格の商品をロスリーダーという
特売価格	値入率がプロパープライスより低く、目玉価格より高い売価。チラシ広告に載る売価
インプロプライス	チラシ広告でなく、店内で告知する特売用の売価。ライバル店によって売価が変わる
オープンプライス	メーカーではなく、小売店が自由に設定する売価
二重価格	値引き前と値引き後との売価を示して、安さを訴求する売価
エブリデイ・ロープライス	すべての商品を、常に安く設定する売価。常に安いため、特売チラシ広告が不要

マーケティング—❼

➡ プロモーション

Point 学習のポイント

　自分が好きな店や商品の情報は、積極的に調べたり、店で確認したりします。あまり興味がない店や商品の情報は、たまたま雑誌を見たり、クーポン券をもらったりして初めて知ることもあるでしょう。自店を好きになってもらえれば、クーポン券などを出さなくても、インターネットのサイトや店舗内に情報を出すだけで顧客が集まります。顧客が自店を好きになることをストアロイヤルティといいます。「ロイヤルティ」は「忠誠心」です。小売店は、プロモーションによって顧客を集めたり、顧客の購入金額を増やすだけでなく、ストアロイヤルティを高めようとしています。

ストアロイヤルティの高い顧客は、重要な口コミ源になる

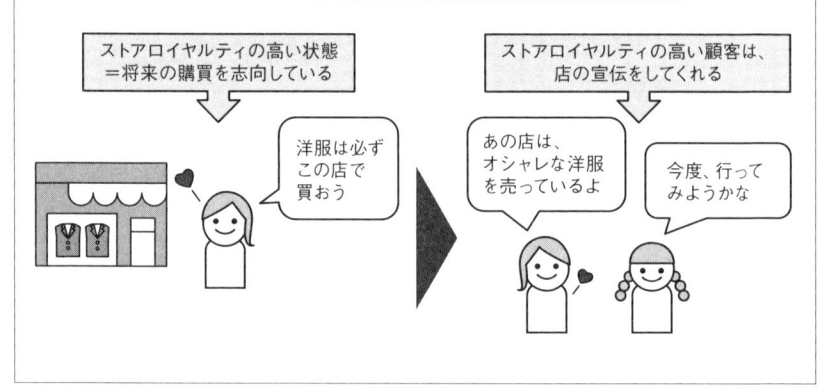

ストアロイヤルティの高い状態
＝将来の購買を志向している
→ 洋服は必ずこの店で買おう

ストアロイヤルティの高い顧客は、店の宣伝をしてくれる
→ あの店は、オシャレな洋服を売っているよ
→ 今度、行ってみようかな

ストアロイヤルティの向上策

ストアロイヤルティを向上させるためには、次の要素によって、顧客に店を好きになってもらうことが大切です。

(1)運営政策

自店のコンセプトを明確にしたり、明るく綺麗な店舗にしたり、サービスの質を高めたりします。

(2)商品政策

顧客の好みや、店舗のコンセプトに合わせて、顧客に楽しさや新しい価値を提案する商品構成にします。

(3)ディスプレイ・棚割り

商品構成を効果的に顧客にアピールするために、商品を魅力的に見せるディスプレイや商品配置をします。

(4)コミュニケーション

顧客の声を聴いて店舗の運営政策に活かしたり、フレンドリーに接客します。

顧客の囲い込み

ストアロイヤルティを高めると、ライバル店でなく自店に来てくれる顧客が増えます。顧客が、ライバル店でなく、自店に来てくれるようにすることを「顧客の囲い込み」といいます。顧客を囲い込むために、顧客がどんな人か？　どれくらい店に来てもらえているか？　どれくらい買物をしてもらえているか？　を管理して、顧客ごとに対応することをカスタマーリレーションシップマネジメント（CRM）といいます。CRMによって、店にたくさん来てもらえて、たくさん買物をしてもらえている顧客を選び出し、特に手厚いサービスをしてストアロイヤルティを更に高めることを、フリークエント・ショッパーズプログラム（FSP）といいます。

売上を増やすプロモーション

Point 学習のポイント

たくさんの顧客に来てもらって、来てもらった顧客にたくさん買物をしてもらえれば売上が増えます。プロモーションのうち、たくさんの顧客に来てもらう方法を集客促進といい、顧客にたくさん買物してもらう方法を購買促進といいます。

客数アップか客単価アップで売上をアップさせる

売上＝客数 × 客単価

販売促進
- 集客促進機能（客数アップ）
- 購買促進機能（客単価アップ）
- 顧客維持・離反防止機能（客数アップ）

(1)集客促進（マス・プロモーション：MP）

　チラシ広告やクーポン券、テレビや新聞といったマス媒体を使った広告やイベントなどで、顧客を店に集めます。チラシ広告は、新規の顧客も既存の顧客も関係なく、安い商品の特売を強調して集客しようとするものが多くあります。しかし、特売を強調したチラシ広告を多用すると、特売以外の商品や時期の販売価格が割高に感じられて、逆に顧客の信用を失うことがあります。

(2)購買促進（インストアマーチャンダイジング：ISM）

　店舗の中で、どの売場や商品をどこに置くか？　というスペースマネジメントや、どんな店内広告にするか？　どんなディスプレイをするか？　というインストアプロモーションがあります。

小売業の販売促進の体系

(1)プロモーションの各機能

　ストアロイヤルティを高めて、売上を増やすためのプロモーション（販売促進）の種類には、集客促進機能と購買促進機能、顧客維持・離反防止機能があります。

①集客促進機能（新しい顧客を増やす）

　新規顧客の開拓を目指した需要創造活動です。

②購買促進機能（店でたくさん買物をしてもらう）

　買上点数や買上金額を増加させる活動です。

③顧客維持・離反防止機能（何回も店に来てもらう）

　優良顧客にくり返し来店してもらう活動です。

(2)各機能の役割

　店にとって、たくさん店に来て、たくさん買物をしてくれる顧客を増やすことが大切です。来店率を増やすために、集客促進機能や顧客維持・離反防止機能があります。たくさん買物をしてもらうためには、店の中に長時間いる視認率と店にいる時間の中で売場を歩く立寄り率と、売場を歩く中で商品を見る注目率と見た商品を買う気になる購買率とを高めることが大切です。視認率、立寄り率、注目率、購買率を高めるために、購買促進機能があります。

①集客促進機能や顧客維持・離反防止機能→来店率を高める

②購買促進機能→視認率、立寄り率、注目率、購買率を高める

マーケティング—❽

➡顧客中心主義の考え方

Point 学習のポイント

　店舗も顧客に喜んでもらうために、顧客のことを調べたり、考えたりして4Pを工夫しています。しかし、顧客によって好みがバラバラなため、その工夫を、顧客が「嬉しい」と感じるかどうかはわかりません。例えば、「こうしてほしい」「こんなだったら嬉しい」と顧客からリクエストしてもらえれば、店舗はやりやすいはずです。「顧客中心主義」は、顧客と店舗とが一体になって、買物が楽しい店舗を作ることです。

顧客志向から顧客中心へ

顧客志向
- 顧客
- 小売業者
- 顧客の方を向いて、ビジネスを展開

顧客中心
- メーカー 卸売業など
- 小売業者
- 顧客
- 顧客を包み込む形で、ビジネスを展開

小売業のあり方は、顧客志向から顧客中心へ！

顧客ロイヤルティの重要性

　楽しく買物や食事ができて満足した店舗には、また行こうと思います。店舗は顧客に「満足」という価値を提供して、顧客が店舗を好き

な度合である顧客ロイヤルティを高めようとします。顧客ロイヤルティが高い店舗ほど、顧客を囲い込んで、安定した経営ができます。

　少子高齢の社会では、人口が減っていきます。当然、店舗に来る顧客が減ります。店舗は顧客の総数が減らないように、同じ顧客が何回も店舗に来るように考えます。例えば、10人の顧客に1回ずつ店舗に来てもらうのではなく、5人の顧客に、2回ずつ店舗に来てもらおうとします。同じ顧客に何回も来てもらうために、店舗を好きになってもらって顧客ロイヤルティを高めることが大切です。顧客ロイヤルティを高めれば、顧客を囲い込めます。同じ顧客に何度も店舗に来てもらえれば、人口が減っても顧客の数は減りません。顧客が減らないため、経営は安定します。

顧客中心主義

　顧客中心主義での顧客と店舗との関係は、顧客を中心にして、店舗が顧客を包む1つの円形のイメージです。似た用語に顧客志向があります。顧客志向は顧客と店舗とが別のものとして、店舗が顧客に満足してもらうイメージです。

　例えば、「お客様アンケート」を作って、顧客の意見を集めて、店舗づくりに活かすのが顧客志向です。しかしアンケートで、顧客の本当の気持ちがわかるとは限りません。顧客中心の場合、店舗が大切にしたい顧客の誰かに「お客様ご意見番」の役割をお願いします。お客様ご意見番は、顧客としての希望や意見、不満などを直接店舗に話します。直接話をするため、アンケートより、顧客の本当の気持ちがわかります。店舗はお客様ご意見番の希望や意見、不満に対応することで顧客ロイヤルティを高めることができます。

マーケティング—❾

➡ FSPの基本的考え方

Point 学習のポイント

フリークエントショッパーズプログラム（FSP）では、よく店に来てくれて、たくさん買物してくれる顧客（優良顧客）を差別的に特別扱いして、優良顧客の顧客ロイヤルティを高めます。顧客ロイヤルティを高めて顧客を囲い込めば、経営は安定します。

FSPは優良顧客ほどよい待遇を行う

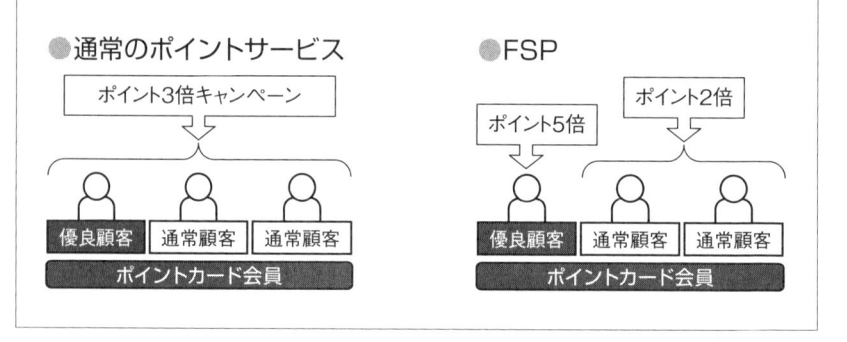

●通常のポイントサービス
ポイント3倍キャンペーン
優良顧客　通常顧客　通常顧客
ポイントカード会員

●FSP
ポイント5倍　ポイント2倍
優良顧客　通常顧客　通常顧客
ポイントカード会員

FSPとは

　小売店の多くは、上位30％の顧客が売上の70％以上に貢献しているといわれています。例えば、1,000人の顧客で売上が500万円のとき、上位300人の顧客で350万円の売上があり、下位の700人の顧客で150万円の売上があるということです。このとき店は、上位300人の顧客を囲い込もうと考えます。囲い込むために上位300人だけを特別待遇するのがFSPです。FSPでは、差別的に特別待遇する顧客を優

良顧客といいます。優良顧客を選びだすためには、「いつ、何が、いくら売れたか」という売上情報に「誰に売れたか」の情報をつけ加えます。「誰が」の情報をつけ加えるために、店はポイントカードや会員カードを発行して、精算のときに商品と一緒に出してもらいます。

FSPの展開レベル

FSPの展開には、ポイントサービスレベルからワントゥワン・マーケティングレベルまでの4段階があります。

(1)ポイントサービスレベル

ポイントカードを発行して、ポイントに応じて販売価格を安くするなどのポイントサービスを実施します。

(2)優良顧客選定レベル

POSデータなどの売上情報にポイントカードの番号をつけて管理します。誰が、いつ、何を買ったかがわかるため、たくさん来店して、たくさん買物をしている優良顧客をみつけられます。優良顧客に特別待遇することができます。

(3)顧客カテゴリーマネジメントレベル

優良顧客に特別待遇するだけでなく、来店回数が少ない顧客や買物金額が少ない顧客を分類（カテゴライズ）して分析します。分類ごとの分析結果にもとづいて、優良顧客を増やす工夫をします。

(4)ワントゥワン・マーケティングレベル

分類ごとの分析でなく、顧客1人ひとりの情報を分析して、サービスに使います。

マーケティング—❿

➡CRMの基本的考え方

Point 学習のポイント

店舗から誕生日カードが来たり、DMが来たことはありませんか？ 自店を好きになってもらうために、店は顧客1人ひとりの情報や来店回数、買物金額などから、顧客の好みなどを分析して、顧客1人ひとりと店の関係を大切にしようというカスタマーリレーションシップマネジメント（CRM）に力を入れています。

CRMは、顧客との長期的な関係を築く

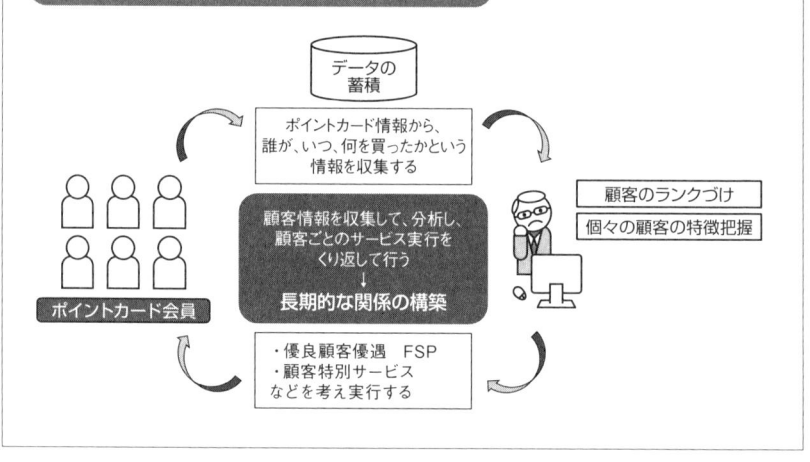

- データの蓄積
- ポイントカード情報から、誰が、いつ、何を買ったかという情報を収集する
- 顧客情報を収集して、分析し、顧客ごとのサービス実行をくり返して行う
  ↓
  長期的な関係の構築
- ポイントカード会員
- 顧客のランクづけ
- 個々の顧客の特徴把握
- ・優良顧客優遇　FSP
  ・顧客特別サービス
  などを考え実行する

CRMとは

CRMとは、経営を安定させるために、顧客とのよい関係を長期間維持する仕組みです。顧客1人ひとりの情報や来店回数、買物金額を分析、優良顧客にはFSPで特別待遇のサービスをして、優良顧客以外の顧客には、優良顧客になってもらうようなサービスをするのが

CRMの基本です。「いつ、どの顧客が、どの商品を、どれくらい買ったか」「その顧客はどんな人か」という情報を、デシル分析、プロファイリング、データマイニングなどの手法で、「優良顧客は誰か」「こういう特徴の人はこういう買物をする」などの分析をします。分析結果を、FSPや店の品ぞろえやサービスに活かします。デシル分析では、データを10程度のグループに分けて分析します。プロファイリングでは、多くのデータから、共通する特徴などを発見します。データマイニングでは、データの中にある隠れた法則性を発掘します。

CRMの学習サイクル

　初めて食べたとき、感動するほどおいしく感じたケーキなのに、何回も同じものを食べているうちに、おいしくなくなったと感じたことありませんか？　それは、ケーキの味が変わったのではなく、食べる人がおいしさに慣れたのかもしれません。人間は、慣れると感動や満足が薄くなります。CRMで一度顧客ロイヤルティを高めても、その顧客ロイヤルティを長期間維持するためには、「分析→サービス→満足・感動」を継続的にくり返すことが大切です。

　CRMでは、顧客1人ひとりの情報や来店回数、買物金額などから、顧客の好みやライフスタイルを分析し、結果にもとづいて、品ぞろえやサービスを変えます。そして、再び店に来る回数、買物金額などをチェックします。来店数や買物金額が増えれば、顧客が品ぞろえやサービスに満足したと考えられます。

　顧客が満足したら、その満足が薄れるまでの間にデータを分析して、新しい提案による品ぞろえやサービスに変えます。変えた結果を来店回数、買物金額などでチェックします。このように「分析→サービス→満足・感動」をくり返すことがCRMの学習サイクルです。

マーケティング―⓫

マーケティング戦略の方法

Point 学習のポイント

学校や会社に行くときと、近所のコンビニに行くときとでは服装は違うでしょう。学校や会社に行くときでも、特別な日とそうでない日とでは服装を変えるでしょう。行き先や目的が変われば服装が変わるように、コンセプトや顧客が変わればマーケティングも変わります。

コンセプトや顧客が変われば、マーケティングも変わる

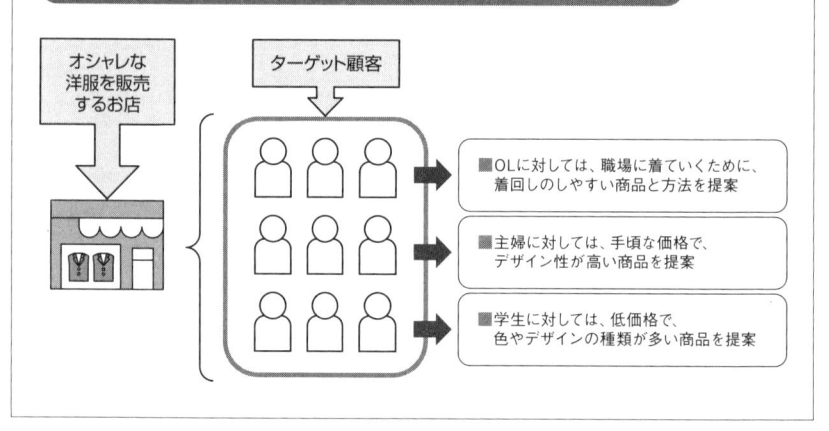

オシャレな洋服を販売するお店　ターゲット顧客

- OLに対しては、職場に着ていくために、着回しのしやすい商品と方法を提案
- 主婦に対しては、手頃な価格で、デザイン性が高い商品を提案
- 学生に対しては、低価格で、色やデザインの種類が多い商品を提案

マーケティング戦略の展開パターン

(1) プル戦略とプッシュ戦略

プル戦略で、店に顧客を引き込み(プル)ます。引き込んだ顧客が、たくさん買物をするように商品をアピール(プッシュ)します。

(2) 価格戦略と非価格戦略

価格戦略では、なるべく低価格で顧客を集めて商品を売ります。非

価格戦略では、低価格より品ぞろえやサービスに重点を置きます。
(3)市場細分化戦略と商品の多様化戦略
　市場細分化戦略では、顧客や商品を限定します。商品多様化戦略では、顧客や商品を限定せずに幅広い品ぞろえをします。
(4)強者の戦略と弱者の戦略
　強い大きな店は、知名度や販売力を活かして大量販売する戦略です。弱くて小さな店は、大きな店が実行できない細かなサービスや品ぞろえに集中して、大きな店と差別化します。
(5)先発戦略と後発戦略
　先発戦略では、他の店に先行した品ぞろえやサービスで他の店と差別化します。後発戦略では、先発の店の戦略を、小さく改良していきます。

マーケティング戦略の種類

(1)ロイヤルティ・マーケティング
　優良顧客のロイヤルティを高める CRM のマーケティング
(2)ワントゥワン・マーケティング
　顧客1人ひとりに個別対応するマーケティング
(3)エレクトロニック・マーケティング
　顧客サービスにコンピュータを使うマーケティング
(4)データベース・マーケティング
　顧客データを分析し、活用するマーケティング
(5)エリア・マーケティング
　地域ごとに分析して、行動を変えるマーケティング

マーケティング―⑫

➡ マーケティング戦略の立案

Point　学習のポイント

　みんなで行動するときには、計画をつくって、一緒に行動できるようにすることが大切です。計画どおりに行動してみて、計画のよかったところや直した方がいいところを振り返ることも大切です。店（舗）全体で一緒に行動するためには、計画（Plan）→実行（Do）→評価（See）のPDSサイクルが大切になります。

Plan → Do → See の前に戦略を決める

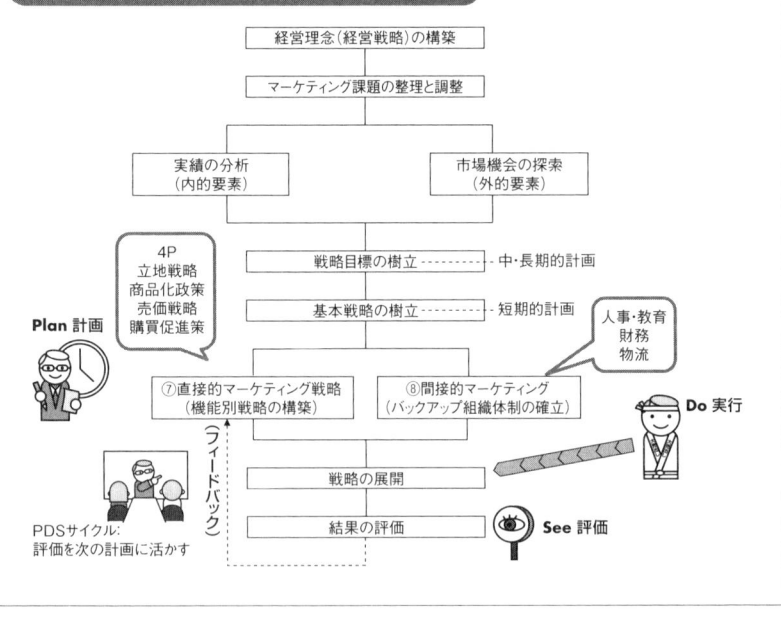

```
          経営理念(経営戦略)の構築
                ↓
        マーケティング課題の整理と調整
          ↓                ↓
    実績の分析          市場機会の探索
    (内的要素)           (外的要素)
```

- 4P
- 立地戦略
- 商品化政策
- 売価戦略
- 購買促進策

Plan 計画

- 戦略目標の樹立 ……… 中・長期的計画
- 基本戦略の樹立 ……… 短期的計画

人事・教育
財務
物流

⑦直接的マーケティング戦略　　⑧間接的マーケティング
（機能別戦略の構築）　　　　　（バックアップ組織体制の確立）

Do 実行

（フィードバック）

戦略の展開

結果の評価　　**See** 評価

PDSサイクル：
評価を次の計画に活かす

マーケティング戦略のPDSサイクルは次の体系です。
(1)経営理念の構築、マーケティング課題の調整と整理
　店のコンセプトである経営理念と、マーケティングに期待する効果や、その効果を得るための方法や問題点などのマーケティング課題を調整します。
(2)内的要素分析と外的要素分析
　店の内的要素である過去データの分析や、店の外的要素である顧客の動向などを分析します。
(3)戦略目標や基本戦略の樹立
　経営理念と内的要素と外的要素とから、3～5年後くらいの中・長期的な戦略目標と、1年後の短期的な基本戦略とを立てます。戦略目標では、店に来てほしい顧客と、その顧客に合わせた商品構成方針やサービス方針が大切です。
(4)機能別戦略とバックアップ組織体制の確立（Plan）
　直接的マーケティング活動であるマーケティング・ミックスの4Pの機能別戦略と、機能別戦略を助ける間接的マーケティング活動である人事・教育、財務、物流のバックアップ組織体制とを確立します。
(5)戦略の展開（Do）、結果の評価（See）
　戦略を具体的行動に展開して実行し、よかったところと悪かったところとをチェックします。チェックした結果を、次回のPlanにフィードバックします。

マイクロ・マーケティング戦略の立案

　マイクロ・マーケティングは、店に来てほしい顧客や、来てほしい顧客が住む地域だけの狭い（マイクロ）範囲を対象にしたマーケティングです。マイクロ・マーケティング戦略の立案手順は、マーケティング戦略の立案手順と基本的には同じです。狭い範囲を、きめ細かく分析して、対応することが求められます。

マーケティング—⓭

➡マーケティング・リサーチの実施方法

Point　学習のポイント

　総務省の家計調査を調べると、みなさんが住んでいる市区町村の1世帯当たりのパン消費額がわかります。総務省の国勢調査や市役所の人口データなどを調べると、みなさんの家がある市区町村や地域の世帯数がわかります。1世帯当たりのパン消費額×世帯数を計算すれば、みなさんが住んでいる市区町村や地域のパン消費額の総額がわかります。

成功のために情報を集める

【資料分析】　　　　　　　　　　　　【質問法】

成功

【観察法】

マーケティング・リサーチ（市場調査）の種類

(1)資料分析
　内部資料（POSデータや顧客データ）や外部資料（官公庁や業界

団体、新聞雑誌の統計資料）を分析します。
(2)市場実査
質問法や観察法、実験法によって、顧客や消費者から実際に情報を集めて調査します。
①質問法
アンケート（調査票）に記入する方法。個人的に面接する個別面接法や集団で面接する集団面接法、アンケートを配って、後日回収する留置法やアンケートを郵送する郵送法、電話で質問、回答してもらう電話法などがあります。
②観察法
実際に店や顧客を観察する方法。
③実験法
実験する方法。商品を選ぶときの顧客の目の動きを実験するためにアイカメラをつけたりします。
(3)テストマーケティング
試験的に、新商品のサンプルを配ったり、新しい広告を出したとき、市場や顧客の反応を調査します。

エリア・データの情報源

店がよく使う外部データには、次のものがあります。
(1)**家計調査（総務省）**：毎月、家庭がどんな費用にいくら支出したかが、地域別や年齢別などでわかります。
(2)**商業統計調査（経済産業省）**：卸売業と小売業の販売活動の実態が、業種別、規模別、地域別などでわかります。
(3)**人口統計**：総務省の国勢調査・住民基本台帳による人口から人口や世帯数が、市区町村別、年齢別、仕事の種類別などでわかります。厚生労働省の人口動態調査から、人口の増減が、性別や都道府県別にわかります。

マーケティング—⓮

➡商圏分析の立案と実施方法

Point 学習のポイント

　最近の消費者は、最寄品は近所で、買回品や専門品は大きな店舗で買う傾向があります。店舗が商圏を決めるとき、最寄品の店は、徒歩や自転車で店に来られる狭い地域に限定し、買回品や専門品の店は、電車や車で来店できる広い地域を考えます。

広い商圏の店は大型で買回品中心

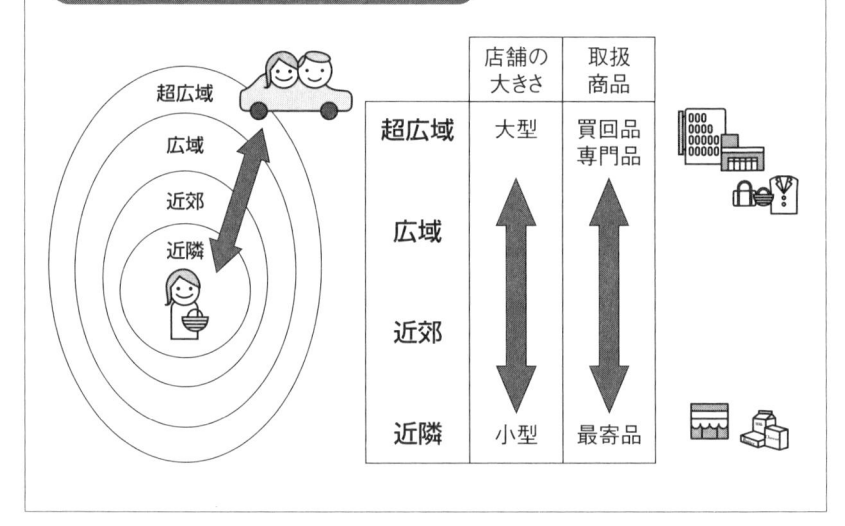

	店舗の大きさ	取扱商品
超広域	大型	買回品専門品
広域	↑↓	↑↓
近郊		
近隣	小型	最寄品

商圏を決める要因

　商圏は、顧客が住む地域範囲の面的な広がりと、その顧客が何回店に来るかという質的広がりがあります。商圏の地域範囲を決める要因には次のものがあります。

(1)アクセス上の要因：鉄道・バス・道路などの交通アクセス
(2)競争上の要因：ライバルの都市や地区、店
(3)地理的要因：河川・山・森林などの地理的条件
(4)社会生活要因：学校区や公民館、病院などの人が集まる施設

商圏の種類

　商圏は、狭い順に近隣型商圏→地域型商圏→広域型商圏→超広域型商圏の4種類があります。商圏が狭いほど最寄品が多く、商圏が広いほど買回品や専門品が多くなります。

(1)近隣型（ネイバーフッド）商圏
　近隣型商店街や近隣型SCの商圏。地元の小さな店やコンビニエンスストアがあり、最寄品を扱います。

(2)地域型商圏
　地域型SCや地域型商店街の商圏。ディスカウントストアやスーパーマーケット、ドラッグストア、ホームセンターなどがあり、衣・住・文化・教養など、生活水準の質的向上につながる商品が多いのが特徴です。

(3)広域型商圏
　総合品ぞろえスーパー（GMS）の商圏。大型専門店やGMSを核にして各種商業施設が集まり、総合的な品ぞろえをしています。

(4)超広域型商圏
　超大型複合商業施設の商圏。百貨店や高級専門店が数多く入っていたり、アウトレットモールが入って、各種アミューズメント施設が充実しています。

　また商圏を、店を中心にして、店に近くて顧客が多い地域から順に、「第1次商圏→第2次商圏→第3次商圏」の3段階で考えることがあります。

マーケティング—⑮

市場細分化と集中戦略

Point　学習のポイント

　コンビニの雑誌コーナーに行くと、女性ファッション誌だけで10種類近くあります。それぞれの雑誌は「上品さ」「元気よさ」などの特徴があります。つまり、女性ファッションという大きな市場を、ファッションのテイストや好みの違いで細分化して、その細分化した領域に集中することで他誌と差別化しています。

客層を細分化し、来てほしい顧客を絞る

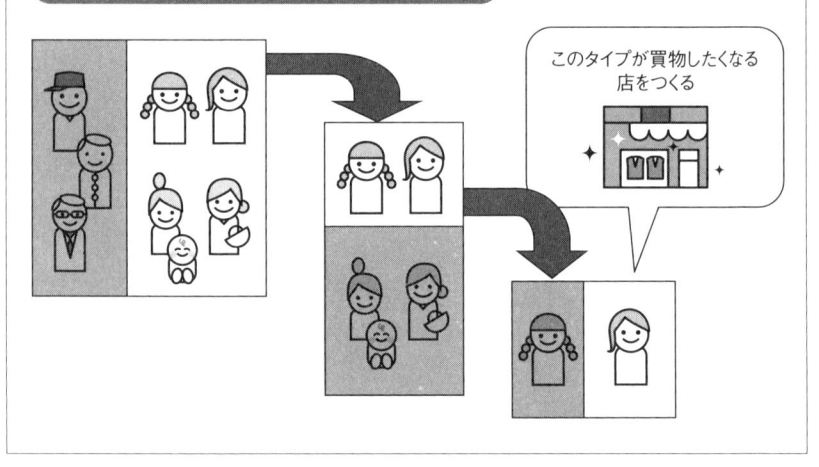

このタイプが買物したくなる店をつくる

(1) 市場細分化

　現代は、「自分らしさ」を求める消費の時代です。1人ひとり似合う色が違うように、「自分らしさ」も1人ひとり違います。1人ひとり違う顧客の好みに1つずつ対応することは大変です。店は、顧客を細分化していくつかのグループをつくります。グループの中から「自分の店に来てほしいグループ」を標的顧客として選びます。

顧客の市場を細分化するパターンとしては、地域や年齢、性別、ライフスタイル、パーソナリティなどがあります。標的顧客（標的市場）を選ぶときには、市場の到達可能性・維持可能性・実行可能性をチェックします。

①到達可能性

その市場に商品や情報、サービスを到達させられるか。

②維持可能性

その市場から、店を維持できるだけの利益を獲得できるか。

③実行可能性

その市場に対して、マーケティングや商品販売する能力やお金、資源が店にあるか。

(2)**集中戦略**

店は、市場細分化して、選んだ標的顧客が満足することに集中したマーケティングや品ぞろえ、サービスなどを展開します。例えば、健康的に日焼けした女性ファッション市場を選んだ店では、洋服をディスプレイするマネキン人形の肌色を茶色にしているところがあります。

商圏調査の構成要素

(1)需要可能性の把握

商圏の広さや、商圏全体で取扱商品がどれくらい売れているかを調べて、自分の店の売上を予測します。

(2)商圏特性の把握

商圏地域の歴史や伝統、地域性などを調べます。

(3)競争状況の把握

ライバル店がどれくらいあって、どんな売り方やサービスをしているかを調べます。

マーケティング—⑯

出店戦略の立案と実施方法

Point 学習のポイント

どこの都市に店舗を出店するかを決定するとき、顧客が多く集まる都市に出店したいと考えます。顧客がどれだけ集まるかを分析する指標に、小売中心性指数があります。小売中心性指数が1を超える都市は、他の都市から顧客が集まっています。

大きいと集客力あるが、遠いと行きにくい

【ライリーの法則】

大都市A　人口が多い都市は顧客も多いだろう　都市X　遠い都市には顧客が行きにくいだろう　都市B

【ハフモデル】

大きい店ならいろいろな商品がある　遠い店は行くのが大変

都市の集客力を計算する方法

都市の集客力を計算する方法には、次の3つがあります。

(1)小売中心性指数

その都市の1人当たり平均購買額と、都市のある都道府県の1人当たり平均購買額とを比べます。

$$\text{小売中心性指数} = \frac{\dfrac{\text{都市の小売業販売額}}{\text{都市内の人口}}}{\dfrac{\text{都道府県内の小売業販売額}}{\text{都道府県内の人口}}}$$

　小売中心性指標が1を超えたとき、その都市で、他の都市の顧客が買物をしていることになります。他の都市の顧客が買物した額がその都市の小売業販売額に加算されるため、都市の1人当たり平均購買額が、都道府県の平均購買額よりも高くなります。

(2)ライリーの法則（小売引力の法則）

　買物をするとき、店がたくさんあれば商品もたくさんありそうですが、あまり遠いところにあると行きにくいものです。ライリーの法則では、「都市Aと都市Bとの間にある、都市Xのお客様が都市Aと都市Bとのどちらの店に行くかの確率は、都市Aと都市Bとの人口に比例して、都市Xからの距離の2乗に反比例する」とされています。人口が多ければ、店がたくさんあると考えます。

(3)ハフモデル（修正ハフモデル）

　ハフモデルでは、「お客様は大きな店に行きやすい。ただし、近い方がよい」という考え方にもとづいて、ある地域に住む顧客が、どの商業集積を利用するかという確率を計算します。ハフモデルを利用しやすいように経済産業省が修正したものが修正ハフモデルです。

大規模小売店舗立地法の手続き

　店舗面積1,000㎡を超える大きな店を出すとき、大規模小売店舗立地法の手続きが必要です。大規模小売店を出すことを届け出た後に説明会を開き、地元の市区町村や都道府県、住民の意見を聞きます。聞いた意見を店の計画に反映していなかったり、地元の生活環境に悪影響がある場合、対応策を出す必要があります。

マーケティング—⓱

ストアコンパリゾンの4原則

Point 学習のポイント

　期末テストで自分の点数が悪かったら、他の人がどのような勉強をしているのかが気になります。店舗も、ライバル店のよいところをみつけて、自店に活かそうと考えます。ライバル店と自店とを比べて、ライバル店のよいところをみつけて、自店に活かすことをストアコンパリゾンといいます。

他店を調べて自店に活かす

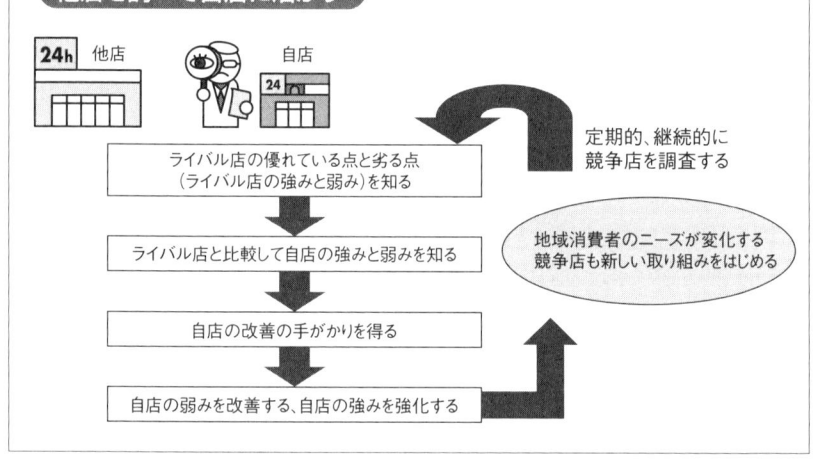

他店　自店

ライバル店の優れている点と劣る点
（ライバル店の強みと弱み）を知る
↓
ライバル店と比較して自店の強みと弱みを知る
↓
自店の改善の手がかりを得る
↓
自店の弱みを改善する、自店の強みを強化する

定期的、継続的に競争店を調査する

地域消費者のニーズが変化する
競争店も新しい取り組みをはじめる

　ストアコンパリゾンで自店を成長させるためには、4つの原則があります。
(1)定時・定点観測
　曜日別や時間帯別などで、何を観察するかを計画してから観察や観測をします。

(2)調査表の作成

　思いつきで自由に観察や観測をするのではなく、観察や観測するポイントを決めて、調査表にまとめます。調査表に調査結果を記入することで、観察や観測する項目にモレがなくなり、調査結果を分析しやすくなります。調査表を作るとき、何を調べるか？　調べた結果をどう活用するか？　などを決めておくことが大切です。目的や調べる内容を決めておけば、コストを抑えて効率的にストアコンパリゾンを進められます。

(3)よいところをみる

　ライバル店を参考にして、自店を変えるのがストアコンパリゾンです。ライバル店の悪いところではなく、自店を変えるようなよいところをみつけます。

　ストアコンパリゾンをするとき、最初に店の周辺を歩いて、雰囲気や店の外観、通行量などを確認します。次に店の中に入って、店の中をひと回りしながら、ゾーニングやレイアウトを確認します。品ぞろえやディスプレイ、プライスカードなどをチェックしたり、接客を受けてみたり、商品を試すのもよいことです。最後に商品を買って、レジ回りやレシートの内容などを確認します。

ベンチマーキング

　ストアコンパリゾンでは、ライバル店と自店とで商品構成やPOP広告、ディスプレイ、売場レイアウト、施設、サービスなどを比較して、ライバル店のよいところを自店に活かします。ストアコンパリゾンには、ライバル店との比較だけでなく、自店が目標としている店や評判のよい店との比較があります。自店が目標としている店や評判のよい店（ベストプラクティス店）と比較するストアコンパリゾンをベンチマーキングといいます。

マーケティング—⓲

ドミナント型出店と大型拠点型出店

Point 学習のポイント

　同じコンビニエンスストアチェーンの店舗が、駅の周辺などの人が集まる地域に密集していることがありませんか。同一地域に集中的に出店することで、地域のシェアを獲得しようとします。このような出店戦略をドミナント型出店といいます。また、大店舗で地域の顧客を集中的に獲得する出店戦略を大型拠点型出店とよびます。

小さな店を集中させてシェアを取る

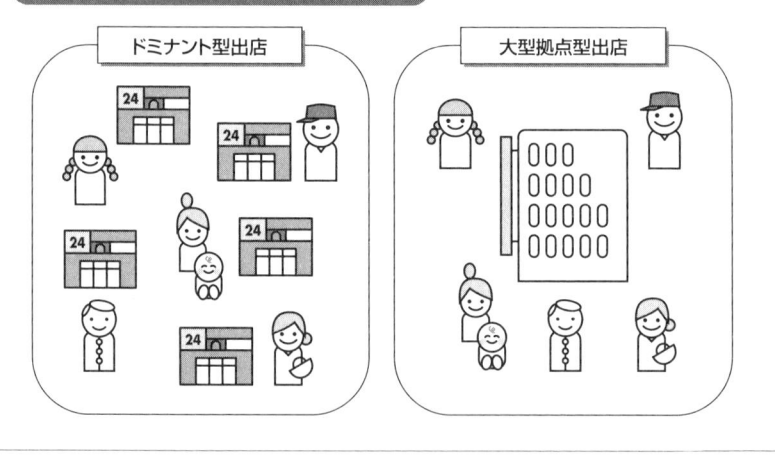

ドミナント型出店　　　　大型拠点型出店

(1) ドミナント型出店

　計画的、継続的に、ある地域に集中して出店します。コンビニエンスストアチェーンに多い出店戦略です。その地域に集中して出店することで、ライバル店が入れないようにする競争優位の戦略です。ドミナント型出店では、店同士が近いため、配送時間が短くなったり、あ

る店で足りなくなった商品を、近くの店から持ってくることができます。

(2) 大型拠点型出店

　ある地域に巨艦型店舗を作って、その大きさで、周辺の広い地域から顧客を集めます。百貨店や大型ショッピングセンター、カジュアル洋品専門店チェーンなどに多い出店戦略です。広い売場の一部を実験目的で使ったり、ライバル店との違いを出しやすくなります。

(3) セレクト型店舗

　アパレルでは、自社に限定しないで、他社の商品も仕入れて品ぞろえを増やすことで、ライバル店にない店の特徴を作り出すセレクト型ショップが注目されています。

出店立地の分類

　人が住んでいる地域と、人が多く集まる都市部と郊外とでは、店の大きさや雰囲気、売る商品が違ってきます。店を出す地域には次のものがあります。

(1) ダウンタウン：繁華街です。交通機関が集中して、人がたくさん集まります。ライバルが多い地域です。

(2) アーバン：都市エリアです。都市部の人口回復や不動産価格の低下で、出店できるようになってきています。

(3) イクサーブ：都市エリアと住居エリアとが混在しているエリアです。

(4) サバーブ：住居の際エリアです。

(5) ルーラル：自然豊かなエリアです。いわゆる「過疎地」です。最近では、スーパーセンターなどの超大型店が出ています。

マーケティング—⑲

販売促進策

Point 学習のポイント

　ステキな店や商品は、テレビや雑誌、友人からの情報などで知ることが多いものです。しかし、実際に店で商品を買うときには、商品を自分の目で見たり、販売員と会話をして決めます。商品を売るときには、店や商品に顧客を引き込む販売促進策と、引き込んだ顧客に買ってもらう販売促進策を考えます。

広告で注意させ、人的販売で記憶させる

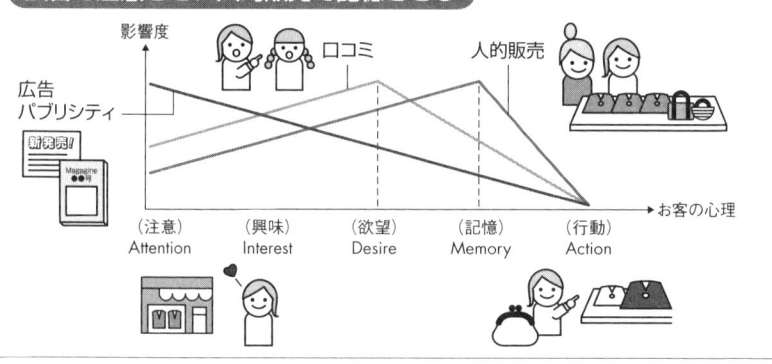

影響度
広告パブリシティ
口コミ
人的販売
→ お客の心理

(注意) Attention　(興味) Interest　(欲望) Desire　(記憶) Memory　(行動) Action

AIDMAと販売促進

　「今話題の商品」とPOP広告に書かれていたら、その商品に注意がいきます。気になった商品を見て、興味が出てきたら、触ったり試したりします。触ったり試しているうちに「欲しい」と思ったら、他の商品と比べたり、販売員にいろいろ質問をします。比べたり質問をした結果「やっぱりこれがほしい」と記憶したら、実際に買う行動にな

ります。

　この「注意（Attention）」→「興味（Interest）」→「欲望（Desire）」→「記憶（Memory）」→「行動（Action）」という顧客の心理変化がAIDMAです。

　商品に注意を向けさせるときには、テレビや雑誌の広告、雑誌などの紹介記事（パブリシティ）が有効です。注意した商品に興味を持たせたり、ほしいと思わせたりするときには、友人の意見や経験などの口コミ情報が有効です。「やっぱりこれがほしい」と思わせたり、実際に買う行動に導くためには、販売員の接客が有効です。AIDMAの前半では広告が大切になり、後半では接客（人的販売）が大切になるということです。

販売促進策のあり方

　販売促進策は、店が一方的に売り込むものでありません。商品の使い方や、商品を使ったときの生活を顧客に提案して、顧客が納得して買物できるようにすることが販売促進策です。

　販売促進策では、「顧客はどんな人か」「その顧客はどんなことに喜びや楽しさを感じるか」を考えながら、「喜びや楽しさのために、この商品をどう使うか」を、実演やディスプレイ、接客の会話で顧客に提案します。顧客が提案に納得すれば、売り込まなくても、顧客は商品を買います。実際に商品に満足すれば、顧客は店を信頼し、固定客になります。固定客になれば、その顧客が自店で買い物をしてくれる割合が増えます。

　特に強く販売促進する商品を、重点商品といいます。セルフサービス主体の量販店では、顧客が何回もくり返して買う高頻度購買商品や、大量に消費する高回転率商品が重点商品になります。対面販売主体の専門店では、競争の少ない商品やオリジナル商品などの高利益率商品やマスコミで有名になった商品が重点商品になります。

マーケティング—⑳

▶ 広告

Point 学習のポイント

　企業はテレビCMで、自社の商品を魅力的に宣伝しています。しかし、自社の商品に対して肯定的な表現ばかり見ていると、「タレントや演出がいいからだろう」と疑う人もいます。テレビCMのような広告は、商品のよさをうまく伝えられる反面、顧客からの信頼性が弱いという欠点があります。

広告は自社商品を宣伝している

メーカー
広告主

「この商品ステキですよ!」

「テレビの演出やタレントが良いだけじゃないの?」

「自社の商品を悪くいわないわよね」

広告とは何か

　AMA（全米マーケティング協会）では、広告を「明示された広告主によるアイデア、財、サービスについての非人的提示およびプロモー

ション」としています。
(1)明示された広告主
　広告には、会社名やブランド名などの広告主名が必ず出てきます。
(2)非人的提示およびプロモーション
　広告は、販売員が顧客に説明する人的提示ではなく、テレビやラジオ、新聞や雑誌など、人間以外の媒体を通して顧客に伝わります。
(3)有料である
　広告に関する費用は広告主が負担します。広告は、自分の会社や商品を、自らお金を払って宣伝します。

広告予算の決定方法

　広告は有料です。広告主は、広告にどれくらいお金をかけるかという広告予算額を決めます。
(1)売上比率法・利益比率法
　売上高や利益に一定の比率を乗じて広告予算額を決めます。
(2)販売単位法
　商品1個当たりの広告予算額に予想販売数量を乗じて、商品全体の広告予算額を決めます。
(3)タスク法
　広告目標を実現するために必要な金額を合計して、広告予算額を決めます。
(4)任意法
　市場の変化に合わせて、動態的に広告予算額を決めます。
(5)支出可能額法
　広告以外の予算を決めた後に、余った分を広告予算額にします。
(6)競争対抗法
　競争相手の広告をみながら、広告予算額を決めます。

マーケティング―㉑

◆販売促進広告

Point 学習のポイント

　昼食を食べる店舗を探すとき、雑誌で「おいしい店」と紹介されていると安心します。店員が「おいしい」という店舗より、第三者である雑誌やTVで「おいしい店」と紹介されたほうが信用できます。広告は、自店をおいしいと宣伝します。第三者に紹介された「おいしい店」という記事はパブリシティといいます。パブリシティは、第三者が紹介するため、広告よりも信用されます。

雑誌より友人の情報が信用できる

- ステキなファッションでした
- ステキなファッションだったわ
- 口コミ情報の方がリアルに感じる

パブリシティと口コミ

(1) パブリシティ

　パブリシティは、店や会社が、雑誌などの媒体に情報を提供し、媒

体が「これは良い」と思ったものを記事や情報として取り上げるものです。広告主にとって有料な広告と違って、パブリシティは、店や会社にとって無料です。店や会社からお金をもらっていない媒体が「この商品はステキ」というパブリシティは、広告より、お客様からの信頼が高いのです。

(2)口コミ

パブリシティで「この商品はステキ」といわれても、「取材した人がステキと感じても、私がステキと感じるかどうかわからない」という不安が残ります。その不安をやわらげるのが「口コミ」です。友人に「あの商品ステキだよ」といわれたら、知らない人が書いた雑誌記事よりも「ステキ」の信頼性は高くなります。直接「ステキ」といわれなくても、行列ができていたり、人がたくさん集まっていたり、評価ランキングの上位だったりすると、その店や商品の信頼が高まることも、口コミと同じ効果です。

販売促進広告の種類

(1)ダイレクトメール（DM）広告

固定客などに、ハガキや封書で直接郵送する広告です。

(2)チラシ広告

広告を印刷した紙片を、地域や顧客を決めて配布します。

(3)屋外広告

屋外に設置された広告です。ポスターや看板、アドバルーンなどがあります。

(4)交通広告

電車などの交通機関や駅などの関係施設にある広告です。中吊りポスターや駅の看板などがあります。

マーケティング—㉒

➡ POP広告

Point　学習のポイント

　店内を歩いていると、商品の横に「今売れています」「今年の流行」「店長のおススメ」などというメッセージがあります。店内にある商品の広告をPOP広告といいます。POP広告は、来店した顧客に商品をアピールして、たくさん買ってもらうように仕掛けるものです。

店内のPOP広告で買上点数を増やす

（期間限定／店長のおすすめ!!／人気NO.1／新発売!／たくさん買ってしまう）

POP広告の定義と目的

(1) POP広告の定義

　日本POP広告協会では、POP広告を、「商品に関するディスプレイ、サインなどで、広告商品が販売される小売店の内部またはその建物に付属して利用されるすべての広告物」と定義しています。POPは(Point

Of Purchase：購買時点）の略語です。POP広告は、顧客が店で商品を選んで買うとき（購買時点）に、顧客が知りたい情報を提供する各種広告のことです。

(2) POP広告の目的

POP広告は、店内で顧客に情報を伝えます。顧客を店に引き込むプル戦略でなく、店の中で顧客に商品をアピールし、顧客にたくさん買ってもらう（客単価向上）ように仕掛けるプッシュ戦略としてPOP広告が使われます。

POP広告を作るときのポイント

POP広告を作るときには、次のポイントがあります。

(1) 横書きで太めのゴシック体が基本

歩きながらみることが多いPOP広告は、人間の動きに合わせて横書きが基本です。歩きながらでも文字がはっきりわかる太めのゴシック体の文字にします。

(2) 業界用語や略語、英語などを使わない

歩きながら注目してもらうためには、顧客にわかりにくい業界用語や略語、直感的にわかりにくい英語などを使わないようにします。

(3) 価格表示はアラビア数字にする

販売価格は、買物する顧客にとって、特に重要な情報です。最もみやすいとされるアラビア数字にします。

(4) 色は3色以内にする

色を多く使うと、どれが重要かがわかりにくくなります。

(5) 誇張した内容は避ける

誇張した内容は、誤解やクレームの原因になります。

(6) よく確認しないとわからないことを書く

1袋に入っている量など、顧客が確認しないとわからない情報を伝えます。

マーケティング―㉓

➡商品ライフサイクルと販売の適合性

Point 学習のポイント

　現在では、多くの人が持っている携帯電話ですが、最初に発売された携帯電話は、ショルダーバッグくらいの大きさでした。通話機能だけしかなく、持っている人はとても少なかったものです。そこで、携帯電話を小さくしたり、通話以外の機能をつけて、携帯電話を使いやすくしました。そして、携帯電話を多くの人が持つようになりました。多くの人が携帯電話を持つようになると、料金を値引きしたり、インターネットや音楽の機能を充実させて、買替え需要の喚起や他社との競争をします。商品が、世の中に出てから消えるまでの流れを、商品ライフサイクルといいます。

ライフサイクル期によって売り方を変える

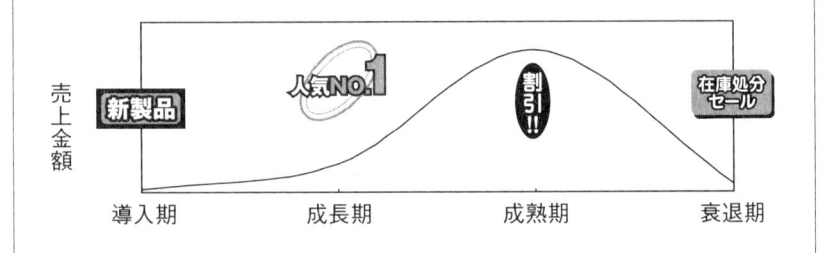

売上金額

新製品　　人気NO.1　　割引!!　　在庫処分セール

導入期　　成長期　　成熟期　　衰退期

商品ライフサイクルとは何か

　商品ライフサイクルでは、商品が最初に発売された時期を導入期といいます。導入期には、商品自体がよく知られていないため、商品自

体を世の中に知らせます。世の中が商品の便利さに気づくと、その商品が急激に売れます。急激に売れる時期を成長期といいます。急激に売れると、商品をほしい人が商品を買ってしまい、商品が売れなくなります。商品が売れなくなる時期を成熟期といいます。商品が売れなくなると、店は売れない商品を処分して、販売を中止します。商品を処分したり販売中止する時期を衰退期といいます。

商品の期別販売活動

商品が、商品ライフサイクル上のどの期にあるかによって販売活動が違います。

(1)導入期商品

商品があまり知られていない導入期には、サンプル配布や実演などにより、顧客に商品を知ってもらうことを重視します。

(2)成長期商品

売上が伸びて、ライバル店との競争が激しくなる成長期には、豊富な品ぞろえで、「ほしい商品が店にない」という販売機会ロスを減らすことを重視します。

(3)成熟期商品

売上の伸びが鈍ったり、売上が低下する成熟期には、品ぞろえを充実させて買替え需要に対応すると共に、ライバル店との差別化や値引きなどの延命策を重視します。

(4)衰退期商品

新商品が出てきて、その商品の販売量が大きく減少する衰退期には、在庫処分や取り扱い中止などにより、その商品から早く撤退することを重視します。

マーケティング―㉔

ポジショニングの設定

Point 学習のポイント

多くの顧客に来店してもらうためには、新しい什器や設備の導入や新サービスの開始が必要です。新規出店の際には、ライバル店ではなく自店へ来店してもらう工夫が必要です。新しい什器やサービス、来店の工夫を考える際には、店舗のポジショニングに基づいて決定します。

顧客が期待する自店のポジションを決める

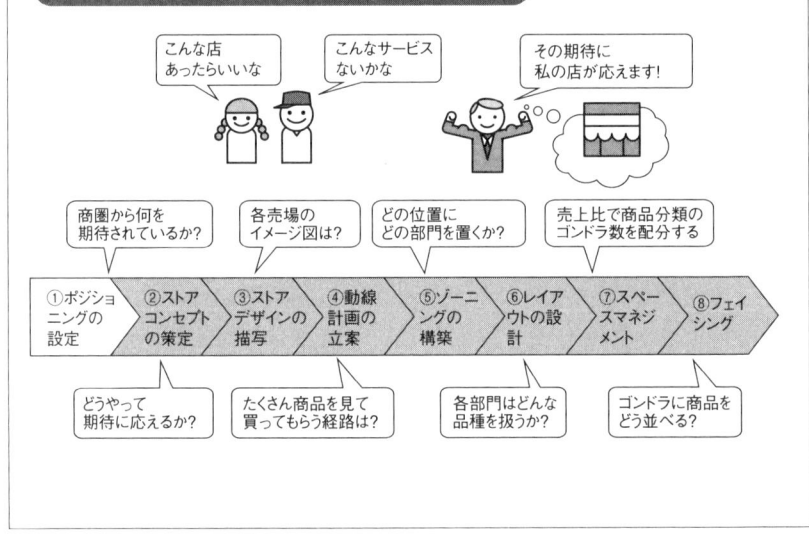

- こんな店あったらいいな
- こんなサービスないかな
- その期待に私の店が応えます！

手順	内容	問い
①ポジショニングの設定	商圏から何を期待されているか？	どうやって期待に応えるか？
②ストアコンセプトの策定		
③ストアデザインの描写	各売場のイメージ図は？	たくさん商品を見て買ってもらう経路は？
④動線計画の立案	どの位置にどの部門を置くか？	
⑤ゾーニングの構築		各部門はどんな品種を扱うか？
⑥レイアウトの設計		
⑦スペースマネジメント	売上比で商品分類のゴンドラ数を配分する	ゴンドラに商品をどう並べる？
⑧フェイシング		

店づくりの手順

店を新しく出すときには、ポジショニング（地域でどのような役割の店になるか）の設定→ストアコンセプト（どのような顧客に、どの

ような商品やサービスを提供するか）やストアデザイン・商品政策（どんな商品をどう分類するか）の決定→動線やゾーニング（どの商品分類を店のどこに置くか）の決定→レイアウト（どこの棚に何を置くか）の決定→スペースマネジメント（棚の何段目の何列目に何を置くか）の決定→売場の演出（楽しく買物するための演出）の順で考えます。

ポジショニングの設定

　ポジショニングは、「地域でどんな役割の店になるか」です。地域の人に喜ばれて、店に来てもらえる役割をみつけるためには、地域の文化や人の流れ、住んでいる人の特徴、ライバル店のポジショニングなどを調べます。調べた結果と、自店の特徴・業態とから、その地域に足りない生活や機能、ライフスタイルの向上に、どの程度、どう貢献するかというポジショニングを設定します。ポジショニングを設定するためには、次のことが大切です。

⑴立地環境の特性調査

　店を出す地域の歴史や文化、交通機関、主な施設、人の流れといったジオグラフィック要因などを調べます。

⑵地域住民の調査

　店に来てもらえそうな地域に住んでいる人の年齢層や家族構成といった人口統計（デモグラフィック要因）と、好みや価値観などの傾向（サイコグラフィック要因）とを調べます。

⑶業態の意識

　自店が対応できるポジショニングを設定するときには、「自店は、顧客のどんな悩みや欲求を、どんな商品カテゴリーやサービスの組み合わせで、どう解決していくか」という業態の範囲を先に決めておきます。

　調査の結果、地域に不足していて、ライバル店に勝てそうで、自分たちが運営できそうなポジショニングを設定します。

マーケティング―㉕

➡ストアコンセプトとストアデザイン

Point 学習のポイント

ポジショニングに客層や商品、サービス、設備などを統一させるためには、ポジショニングを具体的な言葉にしたストアコンセプトや、ストアコンセプトを絵にしたストアデザインにすることが大切です。

コンセプトとデザインとで具体策を示す

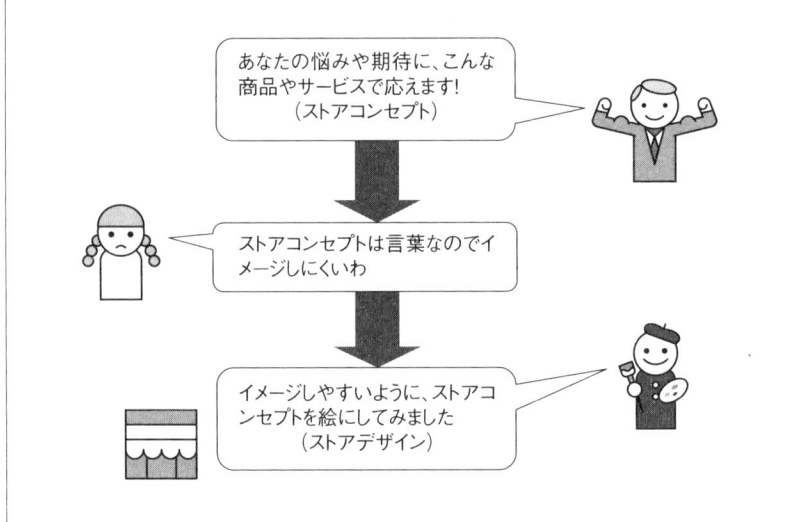

あなたの悩みや期待に、こんな商品やサービスで応えます！
（ストアコンセプト）

↓

ストアコンセプトは言葉なのでイメージしにくいわ

↓

イメージしやすいように、ストアコンセプトを絵にしてみました
（ストアデザイン）

ストアコンセプトの策定

ストアコンセプトの策定は「どのような顧客の、どのような悩みや欲求を、どのような商品やサービスで、どう解決するか」という、店

の業態を決めることです。設定したポジショニングを実現するために最適なストアコンセプトを策定します。

　ストアコンセプトの策定では、「顧客」を決めることが最も大切です。人間の悩みや欲求、好みや考え方はそれぞれ違います。地域に住んでいる人すべての悩みや欲求を1つの店で解決することはできません。自店の状況や目標売上・利益などから、自店の顧客になってほしい人を限定します。顧客を限定すれば、その顧客が持つ悩みや欲求も限定できるため、店が提供する解決方法（商品やサービス）を決めることができます。

ストアデザインの描写

　「かわいいポーチを品ぞろえしよう」というのは簡単です。しかし、「かわいい」には「ピンク主体」「動物のキャラクター」「ハートのマーク」「キラキラした色づかい」などのいろいろなパターンがあります。どのパターンにするかで、店の内装や什器の色やデザインが変わります。そこで、店の「かわいいポーチ」はどういうものかを絵にして、伝えることが大切になります。店のポジショニングやストアコンセプトを具体的な店の絵にしたものをストアデザインといいます。

　ストアデザインで商品を描いたり、動線・ゾーニング設計するときに、商品分類を決める必要があります。ストアコンセプトを実現するために、どんな商品をどう組み合わせて（アソートメント）揃えるかという商品分類を決めることが大切です。

　商品分類の基準として、商品の用途・機能別、価格帯別、衣料品・食料品などの消費分野別、最寄品・買回品・専門品の購買慣習別、計画的継続型（生活必需品）・比較選択型（店や商品を比較する）・専門機能重視型（特定ブランドや品質などにこだわった高級品）の購買目的別などがあります。

マーケティング—㉖

➡ ゾーニングの手順

Point 学習のポイント

　シャツを買いに行ったのに、帽子やソックス、パンツまで一緒に買ったことはありませんか。店舗は、店内を長く歩いてもらって、本来の目的以外の商品をたくさんみてもらい、たくさん買物してもらおうと考えます。たくさん歩いたり、みたり、買物するために、顧客動線とゾーニングとを決めます。

　顧客動線は、顧客が店内を歩く順路です。ゾーニングは、顧客動線を歩いてもらうために、店内のどの位置にマグネットポイントをつくって、どの商品分類を店内のどこに配置するかを決めます。

顧客が歩く道順に並べる部門を決める

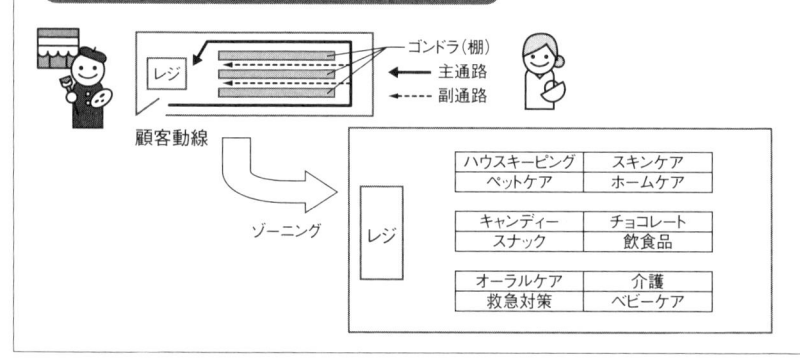

ハウスキーピング	スキンケア
ペットケア	ホームケア

キャンディー	チョコレート
スナック	飲食品

オーラルケア	介護
救急対策	ベビーケア

（ゴンドラ(棚)／主通路／副通路／レジ／顧客動線／ゾーニング）

顧客動線

　コンビニエンスストアや食品スーパーでは、壁に面した通路が、他の通路より広くなっています。顧客に店内を長く歩いてもらうために、

大きく1周歩く壁に面した通路を広くしています。顧客が歩く順路である顧客動線を考えるときに、顧客の大多数に歩いてもらいたい通路を主通路といいます。主通路は、幅を広くしたり、明るくしたり、直線にして見通しをよくします。コンビニエンスストアや食品スーパーでは、壁に面した通路が主通路になります。

主通路から分かれている細い通路を副通路といいます。副通路は、顧客の一部に歩いてもらいたい通路です。副通路は、幅を狭く取ります。

ゾーニングの構築

コンビニエンスストアに行ったとき、入口近くに新聞や雑誌、新商品をみて、最新の事件や流行を確認してからドリンクを取り、レジに行く途中にある弁当やデザートなどをついでに買って帰ることがあります。もし、このとおりに買物をしたときには、その店の主通路を歩いていることに気づいてください。店は、主通路を歩いてもらうために、主通路の両側に、顧客の大部分が興味を持つ商品分類（重点商品カテゴリー）を配置しています。

主通路の両側に重点商品カテゴリーを配置するなどのように、どの商品分類（部門）をどこに配置するか、ディスプレイスペースなどのマグネットポイントをどこに配置するか、を決めることをゾーニングといいます。

コンビニエンスストアの多くのゾーニングでは、ドリンクコーナーを、顧客を集めるマグネットポイントにしています。マグネットポイントを入口から最も遠くに配置することで、顧客の大多数は、ドリンクコーナーまで長く歩きます。ドリンクコーナーの近くに、一緒に買いたくなる弁当やデザートなどの商品分類を配置して、ドリンクを買った顧客が更に買物したくなるようにゾーニングしています。

マーケティング—㉗

◆レイアウトの手順

Point 学習のポイント

　チョコレートを買うために菓子部門売場に行ったとき、チョコレート・クッキー・キャンディと菓子メーカーごとにまとめられているより、1つの棚にいろいろな菓子メーカーのチョコレートがまとめられていた方が選びやすいものです。ゾーニングでは、店内のどこに菓子部門を配置するかを決めました。レイアウトでは、菓子部門の中の、どの棚に何を配置するかを決めます。

部門内に揃える商品群をレイアウトする

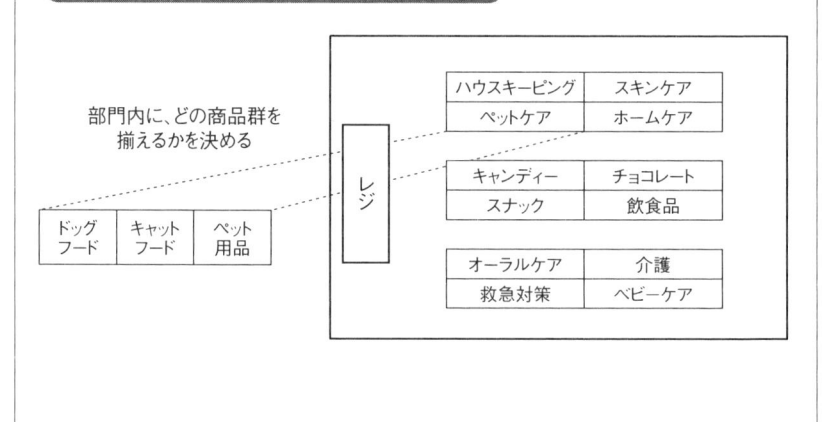

部門内に、どの商品群を揃えるかを決める

ハウスキーピング	スキンケア
ペットケア	ホームケア

キャンディー	チョコレート
スナック	飲食品

オーラルケア	介護
救急対策	ベビーケア

ドッグフード	キャットフード	ペット用品

レジ

レイアウト設定の基本と留意点

　ゾーニングやレイアウト設定の基本は、マーチャンダイジングで学習した商品分類です。「大分類→中分類→…SKU」と商品を細分化し

た商品分類体系を基本にして、ゾーニングやレイアウトを決めます。例えば、「大分類（菓子）→中分類（チョコレート）→小分類（板チョコ）→ SKU（メーカー）」という商品分類体系のとき、ゾーニングで、大分類の菓子売場を店のどこに配置するか決めます。菓子売場の位置が決まったら、レイアウトで、中分類のチョコレートをお菓子売場のどの棚に配置するか決めます。次に、スペースマネジメントで、小分類の板チョコを縦の何列目横の何段目に配置するかを決めます。

　レイアウト設定するときは、顧客が商品を選びやすく買物しやすいことに留意します。商品を選びやすくするために、比べる商品同士を同じ棚に集めます。また、顧客にたくさん買ってもらうために、一緒に買ってもらいたい関連商品同士や関連商品分類の棚同士を近くに配置します。

業態別のレイアウト

(1)スーパーマーケット

　毎日の生活に必要な商品を扱うスーパーマーケットでは、1店で生活に必要なものが揃うフルライン化が求められます。生活用品全般を集めた商品を、顧客が選びやすいように商品分類体系を設計して、ゾーニングやレイアウトに活かすことが大切です。

(2)コンビニエンスストア

　スーパーマーケットより狭く幅広い商品を扱うコンビニエンスストアでは、絞り込んだ商品をスーパーマーケット以上に科学的に商品分類体系設計・ゾーニング・レイアウトすることが大切です。性別や年代、来店動機の有無（目当ての商品があって来店したのか、何となく立ち寄ったのか）などによって顧客動線を変えて、顧客動線ごとにゾーニングやレイアウトを設計します。

マーケティング—㉘

スペースマネジメント

Point 学習のポイント

　チョコレートの棚をみたときに、Aチョコレートが2面で、Bチョコレートが1面に並んでいたら、Aチョコレートの方が人気があるのかと思います。また、足元にある商品より、手が届く高さにある商品のほうが買いやすいものです。同じ商品でも、何段目に配置するか？　何面配置するか？　などによって売上高が変わります。

どの商品を、どの位置に、何面置くかを決める

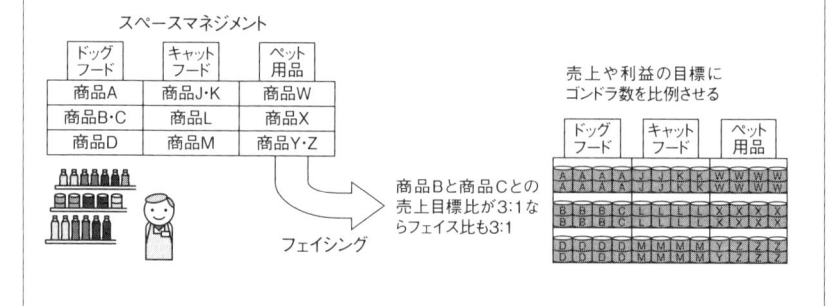

スペースマネジメント

ドッグ フード	キャット フード	ペット 用品
商品A	商品J・K	商品W
商品B・C	商品L	商品X
商品D	商品M	商品Y・Z

フェイシング

商品Bと商品Cとの売上目標比が3:1ならフェイス比も3:1

売上や利益の目標にゴンドラ数を比例させる

ドッグフード				キャットフード				ペット用品			
A	A	A	J	K	W	W	W	W
A	A	A	J	K	W	W	W	W
B	B	C	L	L	X	X	X	X
B	B	C	L	L	X	X	X	X
D	D	D	M	M	M	M	Y	Z	Z
D	D	D	M	M	M	M	Y	Z	Z

スペースマネジメントとフェイシング

(1)スペースマネジメント

　陳列棚の商品をみるときに、しゃがみこんで足元の段まで商品をみることは少ないものです。多くの場合、顧客は、陳列棚の中でみやすい高さや手を伸ばしやすい高さの位置にある商品だけをみて、商品を選びます。手を伸ばしやすい高さをゴールデンラインといいます。

　横に並んだ商品を比較するとき、人間は左側の商品から比較するこ

とが多いものです。新商品と定番商品とを比較してもらいたいときは、新商品を左側に配置した方が、新商品をみ忘れる可能性が低くなります。

このように棚のタテ何段目の、ヨコ何列目に配置するかの設定をスペースマネジメントといいます。

(2)フェイシング

スペースマネジメントで、棚の何段目の何列目にどんな商品を配置するかを決めたら、最後にその商品を何面並べるかを設定します。商品を何面並べるかの設定をフェイシングといいます。フェイシングでは、売上高や売上高目標の比率で商品を配置する面数を決めることが多くあります。例えば、同じ商品分類にある商品Ａの売上高目標が20万円で、商品Ｂの売上高目標が10万円のとき、棚には、商品Ａを２つ並べ、商品Ｂを１つ並べます。

(3)売上高・粗利益率とスペースマネジメント

よく売れて儲かる商品を、たくさん売りたいと考えた店は、その商品をゴールデンラインに配置します。しかし実際は、よく売れるけれど儲けが少ない商品や、あまり売れないけれど儲けが多い商品がほとんどです。このときに、よく売れる商品は、ゴールデンラインに置かなくても売れると考えます。すると、あまり売れないけれど儲けが多い商品をゴールデンラインに配置して、売れる状況にすれば儲けが多くなります。

顧客の立場に立った店づくり

ゾーニング・レイアウト・スペースマネジメントをするとき、顧客の立場を考えることが大切です。顧客の立場で、商品を探しやすいか、商品を比較しやすいか、関連商品に気がついて買ってもらえるか、といった点からゾーニング、レイアウト、スペースマネジメントを設定します。

マーケティング—㉙

売場を演出する技術（色彩、照明）

Point 学習のポイント

　何気なく入った店でも、店内に活気があったので気分が盛り上がり、思わず買物をしたことはありませんか？　店内に活気を出したり、商品をよくみせるために、店内を明るい色にしたり、照明を明るくします。

色相環で近い色同士は相性がよい

10色 色相環図

（橙・黄・黄緑・緑・青緑・青・青紫・紫・赤紫・赤）

類色	色相環で隣同士の色同士
類似色	類色の隣同士
異色	類似色の隣同士
補色	色相環で向かい合った位置にあり、最も離れた色同士
準補色	補色の手前の関係

売場を演出する技術（色彩）

(1)色の3要素

色相	色を構成する光の波長別のエネルギー分布差にもとづく色合いの違い。最も長いのが赤、最も短いのが紫。色相環にまとめる
明度	色の持っている明るさ、暗さ
彩度	色の冴え方や鮮やかさ 無彩色(彩度ゼロ)：白、灰、黒　　有彩色：無彩色以外

(2)色相環によるディスプレイの配色

①色相環順・明度順のディスプレイ

多くの有彩色や明度の色がある商品をわかりやすくみせます。
②類色、類似色同士のディスプレイ

　類色同士は柔らかさやムードのある調和の取れた配色で、類似色同士は最もバランスの取れた鮮やかで効果的な配色です。
③補色、準補色同士のディスプレイ

　補色同士は色彩感覚がよくないと効果的な配色が難しく、準補色同士は華やかさを演出できます。

売場を演出する技術（照明）

(1)照明の種類

直接照明	光源を天井から直づけした照明
半直接照明	グローブやルーブなどを通して照射される照明
間接照明	光をすべて天井面や壁面に反射させる照明
半間接照明	光の一部を天井面や壁面に反射させて、あらゆる方向からの反射で照らす照明
全般拡散照明	シャンデリア、バランスライトなどの照明

(2)スーパーマーケットの平均照度

　スーパーマーケットの平均照度は1,000ルクスです。店舗全般の照明は平均より暗くして、商品やディスプレイの目立つ場所を平均より明るくすると、商品やディスプレイを強調できます。
①店内全般…600ルクス
②ディスプレイなどの集視ポイント…1,200～2,100ルクス
③陳列棚などの商品フェイス・…900～1,200ルクス

　照明の明るさは店舗の格調や商品にも左右されます。色彩の暗い商品や細かい商品を販売する店舗は明るくします。高級品を販売する店舗では、落ち着いた明るさにします。

第 **5** 章

販売経営管理

販売経営管理—❶

販売管理者の職務と役割

Point 学習のポイント

販売員管理者は、販売員や売場にある商品や備品、過去の売れ行きや時間を使って、売場の目標を達成するための調整をします。売場や販売員の目標を決めたり、販売員が目標を達成できるように助けたりします。販売員が目標を達成できるように、売場のコミュニケーションを図ったり、販売員のやる気を高めるのも販売管理者の役割です。

販売管理者は売場の目標達成役

- 販売員の調整
- 計画を作る・チェックする
- やる気を高める
- 達成！目標
- 販売管理者：成果目標
- 販売員：能力開発目標

販売管理者の業務

(1) 販売管理者と売場の目標達成

売場には販売員がいて、商品があります。また、ゴンドラやPOP

広告、プライスカードといった器具備品があります。販売管理者は販売員や商品、器具備品などを組み合わせて売場の売上や利益の目標を達成します。販売管理者は、販売を予測して売上や利益の目標を立てます。部門や販売員の役割を決めて、毎週の行動計画を作ります。販売員が行動計画どおりに行動しているか？　売上や利益が計画どおりになっているか？　などをチェックします。売上や利益が計画どおりになっていなかったら、これからの行動計画を見直して、最終的に売上や利益の目標を達成できるようにします。

(2)販売管理者の調整機能

　売上や利益の目標を達成するためには、販売員がお互いに協力することが大切です。販売管理者は、部門同士や販売員同士の調整役として、売場のチームづくりをしたり、販売員とコミュニケーションを取ったり、販売員同士がコミュニケーションを取りやすいような環境をつくります。目標達成のためには、新商品や世の中の売れ行き情報も重要です。新商品などの情報を知るために、仕入先とのコミュニケーションも大切です。

　計画を作るときの基礎になる目標は、企業全体の戦略や戦術に沿ったものでなければなりません。企業全体の戦略や戦術と、売場の計画や行動とを調整するのも販売管理者の機能です。

販売管理者の目標管理

　販売管理者は、売場の調整役であると同時に、売場の売上や利益を達成する責任者です。販売管理者の目標は、売上や利益といった成果目標が中心になります。一方、販売員は自分の販売技術を高めるための接客方法や商品知識などの能力開発目標が中心になります。販売管理者は、販売員が目標達成したときの表彰などのご褒美（インセンティブ）を示したり、販売員の悩みを聞いて、販売員のやる気を高めます。やる気を高めるようにすることを「動機づけ」といいます。

販売経営管理—❷

➡売場管理のポイント

Point 学習のポイント

　販売員に元気がなくて暗い雰囲気の売場より、元気な販売員がいて活気がある売場の方が買物していて楽しいものです。買物していて楽しい売場では、いつも新しい顧客サービスを考えたり、提供しています。顧客サービスで顧客が満足するために、もてなしの心で顧客にサービスできるように販売員の育成や訓練をします。

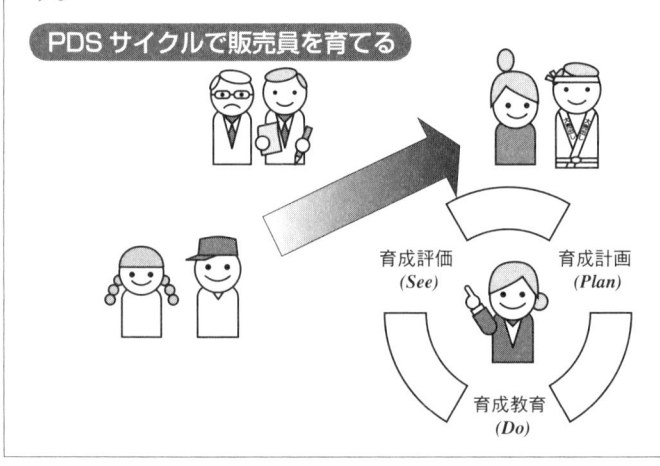

PDSサイクルで販売員を育てる

育成評価 *(See)* — 育成計画 *(Plan)* — 育成教育 *(Do)*

売場管理と販売管理者

(1)売場で求められる顧客サービス

　売場での接客に顧客が満足するように、販売管理者は、常に新しい顧客サービスを考えたり実施します。顧客が満足するように販売員の教育や訓練を行うことも販売管理者の仕事です。現在の顧客は、マニュ

アルどおりのサービスでなく、もてなしの心で、顧客ごとに内容を変えた顧客サービスに満足する傾向があります。例えば、「この服が今年の流行です」というだけではマニュアルどおりに情報を伝えているだけです。「お客様ならば、こういう着こなしをすると、さらに素敵です」とつけ加えると、もてなしの心で、顧客ごとに内容を変えた顧客サービスになります。

(2)顧客サービスにおける販売管理者の役割

販売員が、もてなしの心で顧客ごとに内容を変えた顧客サービスをできるようになると、顧客も販売員も満足して売場が元気になります。売場を元気にするために、販売管理者は、店としての対応の方向性や対応方法を具体的に示したり、販売員が自分で対応方法を考えたり、実際に対応できるように教育したり、販売員がその場で考えたとおりに行動できるルールをつくったり、販売員同士が対応方法を話し合い、協力し合えるように調整することが求められます。

販売員の育成

どんなに売場の飾りやレイアウト、商品が素晴らしくても、販売員の接客方法が悪いと商品は売れません。商品を売るためには、正社員やパートタイマー、アルバイトなどに関係なく、顧客に接する販売員の技術や行動が、顧客の満足につながることが必要です。

販売員の育成は、育成計画をつくり（Plan）、育成計画を実施（Do）して、その結果をチェック（See）することをくり返します。育成計画づくりでは、どんな技術が必要か、どんな方法で教育すれば技術が身につくかを決めます。実施では、実際に教えて、練習させます。チェックでは、技術が身についたかどうかを確かめて、育成計画や教育方法を改善します。販売員の育成は、新入社員や昇進で仕事に変化が生じたとき、仕事のやり方が変わったとき、仕事にミスやムダが多くなったときなどに継続して行います。

販売経営管理—❸

➡ クレームへの対応方法

Point 学習のポイント

　店にクレームをいったら、店の対応が悪くて、怒りが倍増したことはありませんか？　クレーム対応が上手だと、店の改善や顧客の満足につながります。クレーム対応が下手だと、顧客の信用を失ったり、悪口をいわれたりします。クレームは顧客が不満に思っていることです。クレームの原因を調べて改善すれば、顧客の不満が満足に変わります。

クレーム対応の手順

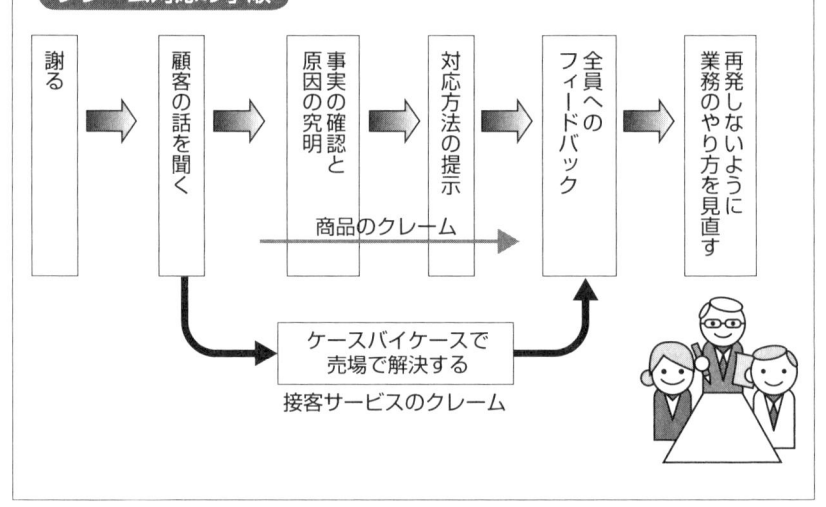

謝る → 顧客の話を聞く → 事実の確認と原因の究明 → 対応方法の提示 → 全員へのフィードバック → 再発しないように業務のやり方を見直す

商品のクレーム

ケースバイケースで売場で解決する
接客サービスのクレーム

クレームへの対応

(1) クレーム対応の手順

　販売員が顧客にクレームをいわれたら、①謝る→②顧客と販売員か

ら話を聞いて状況を確認する→③顧客に対応方法を示す→④商品を交換したり、代金を返す→⑤クレームの原因を調べる→⑥クレームがくり返されないように販売員と話し合ったり、売場のルールを変える、の手順で対応します。

(2)クレームの種類

クレームには、商品に関するものと接客サービスに関するものとがあります。商品に関するクレームは、商品を交換したり、代金を返すと共に、原因を調べて、2度と同じクレームが来ないように話し合ったり、仕事のやり方を変えて対応します。接客サービスに関するクレームは、マニュアルどおりでなく、顧客に合わせて、売場で判断して売場で解決するように対応します。

(3)クレーム対応の教育

店にクレームをいったとき、「私はアルバイトなのでわかりません。正社員の人にいってください」といわれたら、顧客は怒ります。パートタイマーやアルバイトでも、クレーム対応や返品対応できることが大切です。販売管理者は、正社員・パートタイマー・アルバイトなど売場の全員にクレーム対応の方法をくり返し話します。話すときには、「なぜそうするのか」という理由を説明するとクレーム対応の理解が早くなります。くり返し話すことで、売場全体が「クレーム対応をしっかりやらなければならない」という意識に変わります。

クレームの活用

自分の不満や不安を聞いて、すぐに対応してもらえたら、何となく気分がいいものです。不満や不安をいわれた方は「こういうことに不満や不安を感じるんだ」と相手を深く知ることができます。クレームにきちんと対応すると、逆に顧客から信用が高まったり、顧客のことをよく考えたサービスができます。クレームは、「ストアロイヤルティ形成やサービス向上の最大の機会」といわれています。

販売経営管理—❹

➡取引の法知識

Point 学習のポイント

　買物をするときには、代金を支払って、商品を受取ります。店はきちんとした商品を渡す義務と代金を受取る権利があります。顧客には、代金を支払う義務と、きちんとした商品を受取る権利があります。顧客が代金を支払って、きちんとした商品を受取ることで、店と顧客は、それぞれの義務と権利とを果たしたことになります。

売買契約のポイント

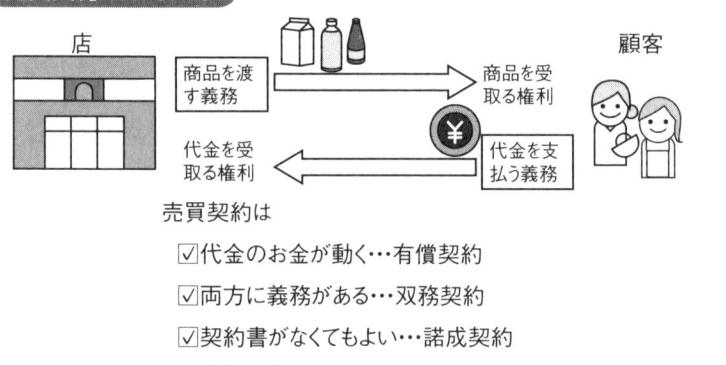

店　　商品を渡す義務　→　商品を受取る権利　　顧客
　　　代金を受取る権利　←　代金を支払う義務

売買契約は
- ☑ 代金のお金が動く…有償契約
- ☑ 両方に義務がある…双務契約
- ☑ 契約書がなくてもよい…諾成契約

契約法の基礎知識

　何かをしてもらう権利や、何かをしなければならない義務を発生させる約束を契約といいます。契約する内容は本来当事者同士の自由です。これを「契約自由の原則」といいます。しかし、自由を認めすぎると周りに迷惑がかかることがあるため、実際には契約について多くの規制があります。

買物のように、何かを売ったり買ったりする契約を売買契約といいます。買物では、きちんとした商品を引き渡す義務が店にあり、代金を支払う義務が顧客にあります。店と顧客との両方に義務がある契約を双務契約といいます。また、代金の支払いがある契約を有償契約といいます。買物するときに商品ごとに契約書を作ったりしません。契約は、契約書がなくても、話し合ってお互いが納得（合意）すれば売買契約が成立します。お互いが合意すれば成立する契約を諾成契約といいます。

　契約の義務を果たさないことを債務不履行といいます。債務不履行のうち、例えば、「3日後に商品を届けます」と約束したのに、3日後になっても商品が届かないことを履行遅滞といいます。例えば、引き渡すと約束した芸術作品が燃えてしまって引き渡すことが不可能になることを履行不能といいます。また、商品10個を引き渡す約束なのに商品6個しか引き渡さないことを不完全履行といいます。債務不履行の場合、義務を果たすことが可能なら義務を果たすように求めます。それでも義務を果たさないときや、義務を果たすことができないときは、損害賠償を請求したり、契約を解除することができます。

印紙税の基礎知識

　契約書や証明書、領収書などの法的書類を作成するときにかかる税金を印紙税といい、印紙税法で決まっています。印紙税は、書類に収入印紙を貼って消印、またはサインする簡単な方法で納付します。印紙税は書類に課税するため、同一内容の契約書を数通作成したときには、契約書ごとに収入印紙を貼って消印します。課税される領収書に収入印紙が貼られていなかったとき、その領収書自体は有効になります。ただし、収入印紙が貼られていないので、印紙税法違反になります。収入印紙を多く貼りすぎて消印したときは、払いすぎた税金を返してもらう方法があります。

小切手・約束手形の法知識

Point 学習のポイント

　商品の仕入をするときに、現金を持ち歩いて、その現金をどこかに忘れたり、落としたりしたら大変です。また、現金を直接渡すことで金額を間違える可能性もあります。そこで、現金を持ち歩かなくても代金を支払う方法が生まれました。

手形が現金化されるまで

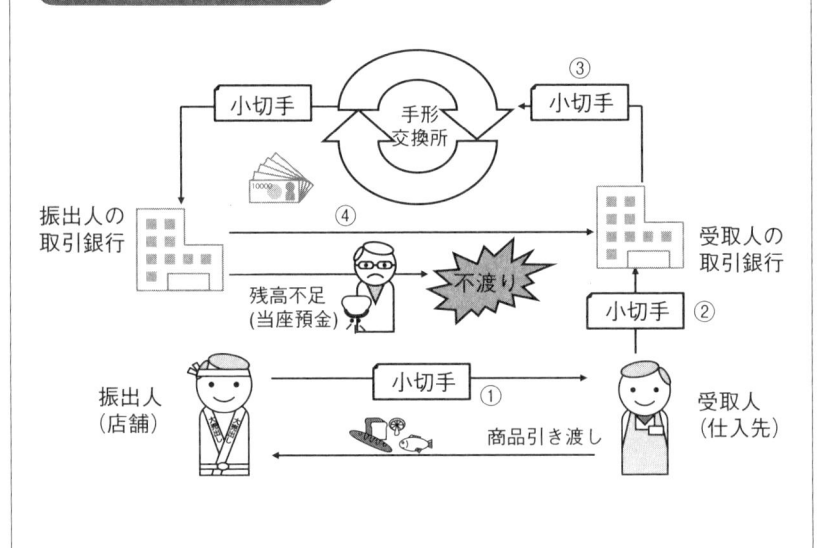

（図：手形交換所を介した小切手の流れ。振出人（店舗）が受取人（仕入先）に①小切手を渡し、商品引き渡しを受ける。受取人は②小切手を受取人の取引銀行に持ち込み、③手形交換所を経由して振出人の取引銀行に渡る。④残高不足（当座預金）の場合は不渡りとなる。）

(1)小切手の基礎知識

　銀行に、自分の銀行口座からの支払いをお願いすることを小切手支払いといいます。小切手に書く項目には、支払金額・支払銀行・支払いを依頼した人（振出人）などの必要的記載事項と、受取人などの任意的記載事項と、記載すると小切手が無効になる支払条件などの有害的記載事項とがあります。振出人から小切手を受取ったら、10日間の呈示期間内に銀行に持ち込みます。どうしても呈示期間内に持ち込

むことができなかった場合、呈示期間の後6カ月以内であれば支払いを受けることができます。小切手の呈示を受けた銀行は、手形交換所を通して小切手の振出人の口座から受取人の口座に資金を移します。振出人の口座残高が小切手支払に足りないとき、その小切手は不渡小切手といわれます。

(2)約束手形の基礎知識

　例えば2カ月後など、将来の決めた日（満期日）に支払うことを約束する証書を約束手形といいます。約束手形に書く項目には、手形金額、満期日、支払人、振出人、振出日など、必ず書かなければならない必要的記載事項と、記載してもしなくてもよい任意的記載事項と、書いたら手形自体が無効になる有害的記載事項があります。約束手形を持っている人は、満期日まで現金を受取ることはできません。そこで、代金を支払うときに、約束手形自体を、現金の代わりに渡すことが認められています。このように手形自体を他人に渡すことを裏書といいます。

カードの基礎知識

　現金を支払う代わりにクレジットカードを使ったり、プリペイドカードで、先に払った現金を支払いに充てます。クレジットカードの場合、顧客が買物をすると、クレジット会社から店に代金が支払われます。顧客はクレジット会社に代金を支払います。プリペイドカードは、顧客が代金を前払いして、商品やサービスを購入するカードです。プリペイドカードによって現金を先に預かることができたり、預かった現金を銀行に預けて利息をもらうことができます。プリペイドカードは前払式証票法に規定されています。その他には、銀行のキャッシュカードを使って銀行口座から支払うデビットカードもあります。

販売経営管理―❺

➡仕入に関する法知識

Point 学習のポイント

近所のスーパー同士が相談して、いつも200円で売っている牛乳を、同時に250円にされたら困ります。商品をいくらで売るかは、企業ごとに決めることが原則です。いくらで売るかを企業同士で相談すると法律違反になります。

不当な取引制限と不公正な取引方法

不当な取引制限

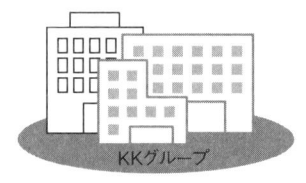

KKグループ

グループで決めたことを、グループみんなで守ると、グループ以外の人が不当になる（カルテル）

不公正な取引方法

強い立場のものが弱い立場のものに不公正なことをする

独占禁止法

ほしいシャツとほしくないシャツとを一緒でないと売らないといわれたら困ります。売買取引は売る方と買う方とが対等の立場であることが大切です。しかし実際は、どちらか強い立場の方が弱い立場のものに圧力をかけたり、不当な要求をすることがあります。このような圧力や不当な要求を禁止するのが独占禁止法です。独占禁止法では、

不当な取引制限と不公正な取引方法を禁止しています。不当な取引制限と不公正な取引方法をチェックするのは公正取引委員会です。

不当な取引制限

例えば、商品を売る企業同士が相談をして販売価格を決めると、仕入先の企業は、その価格でしか仕入れられなくなります。このように企業同士が相談して、お互いの行動を合わせることをカルテルといいます。価格の相談をしたら価格カルテル、生産の相談をしたら生産カルテルといいます。カルテルは不当な取引制限として禁止されています。

不公正な取引方法

売る方と買う方とで、どちらかの立場が強いときに、強い立場を利用して、弱い立場のものに不公正な要求をすることを不公正な取引方法といいます。不公正な取引方法には次のものがあります。

(1)協賛金

店がセールや売場の改装をするとき、仕入先企業に、セールや改装の費用の一部として払ってもらうお金です。算出根拠が不明確で、商品の販売に明確に結びつかない協賛金は不公正な取引方法です。

(2)従業員などの派遣要請

新規オープンや倉庫整理など、人数が必要なとき、仕入先企業に要員の派遣を要請したり、要員の費用を払ってもらうことです。

(3)その他

納入価格の値引き、押しつけ販売、抱き合わせ販売、優越的地位の濫用などがあります

販売経営管理—❻

販売に関する法知識

Point 学習のポイント

　店で買物をしているとき、商品でわからないことがあったら販売員に質問をします。販売員は顧客に比べて、商品のことをよく知っています。そこで販売員が、商品の悪いところを隠したり、いわなかったとしたら、販売員を信じて買った顧客は怒ってしまいます。そこで販売員は、悪いことも含めて、顧客の立場になって商品のことを説明することが必要です。顧客は顧客自身で商品の勉強をしておくことが必要です。

販売員は誠実さ、顧客は勉強が必要

消費者基本法

　消費者基本法では、店の責任と顧客の責任を定めています。
(1)店の責任

顧客が楽しく、安心して買物するために、店舗は顧客の立場になって必要な情報を伝えたり、誠実にクレーム対応をしたり、国の政策に協力しなければなりません。それが店の責任です。
(2)顧客の責任
　自分でも商品や法律のことを勉強したり、環境に配慮したり、映像や音楽などの著作権を保護しなければなりません。顧客からのクレーム処理機関として、独立行政法人国民生活センターがあります。

消費者契約法

　販売員の方が、消費者よりも商品のことをよく知っています。そこで、どうしても商品を売りたい販売員が、商品のことをよく知らない顧客に対して、悪い情報を隠したり、怖がらせて強引に販売するトラブルが起こっています。消費者契約法では、次に挙げる理由で強引に買わされたときや、消費者に一方的に不利な販売条件で売買契約が結ばれたとき、その売買を取り消したり、無効にすることができます。
(1)誤認型
①不実告知……取引上、重要な部分でうそをつくこと
②断定的判断……将来そうなるかわからないのに、「必ずこうなる」といいきること
③不利益事実の不告知……顧客の不利になるようなことを、わざといわないこと
(2)困惑型
①不退去……販売員が家に来て、商品を買うまで帰らないこと
②退去妨害（監禁）……商品を買わないで帰ろうとしている顧客を、買うまで帰れないようにすること

割賦販売の概要

> **Point** 学習のポイント
>
> 　高価な商品でも、代金を何回かに分けて払うなら買いたい、と思うことがあります。店も、代金を分割払いにすることで高価格な商品を販売できます。
>
> 　代金を分割払いにすると、顧客が代金を払わなくなったり、払っている期間中に商品が壊れて使えなくなるトラブルが起こります。そこで、分割払い販売の一部の販売について、トラブルの防止や処理の法律があります。
>
> **割賦販売の用語**
>
> 割賦価格 $110,000$ 円（現金価格 $100,000$ 円）
>
> 分割回数 10 回
>
> | 初回金 | 賦払金 | 賦払金 | 賦払金 | 賦払金 | 賦払金 | 賦払金 | 賦払金 | 賦払金 | 賦払金 |
> |---|---|---|---|---|---|---|---|---|---|
> | $11,000$ ① | $11,000$ ② | $11,000$ ② | $11,000$ ③ | $11,000$ ④ | $11,000$ ⑤ | $11,000$ ⑥ | $11,000$ ⑦ | $11,000$ ⑨ | $11,000$ ⑩ |
> | 1カ月目 | 2カ月目 | 3カ月目 | 4カ月目 | 5カ月目 | 6カ月目 | 7カ月目 | 8カ月目 | 9カ月目 | |
>
> 支払期間9カ月
>
> ☑割賦販売：支払期間2カ月以上、分割回数3回以上の指定商品等の販売
> ☑支払期間中に支払資金がなくなるかもしれない
> ☑支払期間中に商品が使えなくなるかもしれない

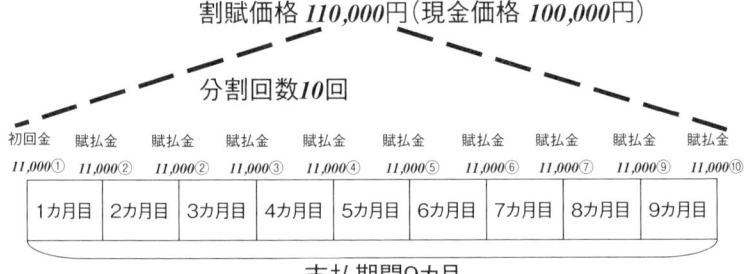

(1)割賦販売の定義

　分割払い販売のうち、法律で定めている販売を割賦販売といいます。割賦販売は「購入者から代金を2カ月以上の期間にわたり、3回以上に分割して受領することを条件として指定商品もしくは指定権利を販売し、または指定役務を提供することなど」です。指定商品とは、アクセサリーや家具、器具などです。

　割賦販売法では、割賦購入あっせんやローン提携販売も規制してい

① 割賦あっせん販売

　クレジットカードによる分割払いが典型です。顧客はクレジットカードを見せて商品を購入します。店は現金価格をカード会社から受取ります。顧客は、割賦価格を分割払いでカード会社に支払います。

② ローン提携販売

　店が保証人になって、顧客が銀行などから現金価格を借りて、店に支払います。顧客は、銀行などに割賦価格を分割払いで返します。

(2) 割賦販売の規制

① 割賦販売条件の表示と書面交付

　割賦販売ではトラブルが多いため、商品を買う前に価格や支払期間や回数、契約の解除などの販売条件を顧客に示したり、商品を買ったとき、販売条件を書いた書面を顧客に渡します。

② クーリング・オフ

　8日以内に顧客が、取引を撤回したいといったとき、店は撤回に応じなければなりません。

割賦販売の用語

現金価格	商品の引渡しと同時にその代金の全額を受領する場合の価格
割賦価格	割賦販売の方法により販売する場合の価格。通常現金価格より高い
初回金	割賦販売の契約時に購入者が支払う金額
申込金	割賦販売の予約のために顧客が支払う金額。買ったときは初回金に充てられて、買わなかったときは顧客に返還される
支払期間	割賦販売の契約時から賦払金の支払が完了するまでの期間
分割回数	割賦販売の初回金を除いた代金の支払回数
賦払金	割賦販売にかかる各回ごとの代金の支払金額

特定商取引法の商取引

Point 学習のポイント

　店に行って買物するのが面倒なときは、通信販売が便利です。しかし、通信販売で買った商品が届いたら、「イメージと違う」「注文した商品と違う」ということはありませんか？　店に行って、商品を選ぶ方法以外の買物を特定商取引といいます。通信販売だけでなく、訪問販売や電話勧誘販売も特定商取引です。特定商取引は、商品を自由に選ぶことができません。本当に注文した商品が届くかどうかも不安です。顧客の不安をカバーするために、特定商取引法があります。

通信販売の不安への対応

- 会社の写真や住所を公開します
- 商品の写真や他の顧客の声を公開します

- ちゃんとした会社か？
- ちゃんとした商品か？

(1) 通信販売

　主に、カタログやテレビなどで商品や取引条件を見せて、ハガキや電話、電子メールなどの通信手段で注文を受ける販売方法です。通信販売では、商品を直接みて確認することはできません。商品を直接みていないため、商品が自分のイメージどおりかどうかはわかりません。細かな取引条件を確認することもできません。そこで通信販売の場合、広告中に商品の価格や支払時期、支払方法、返品のことなどを示しま

す。また、商品を実際より大げさによい商品と広告すること（誇大広告）は禁止されています。

(2) 訪問販売・電話勧誘販売

　訪問販売は、店以外の場所で顧客に商品を見せて注文を受けたり、店以外の場所で顧客に声をかけて店に来させて注文を受けたりする販売方法です。電話勧誘販売は、販売員が電話をかけて商品を宣伝します。顧客は電話の後に郵便などで注文します。

(3) 特定商取引全般の規制

　通信販売や訪問販売、電話勧誘販売の特定商取引は、顧客が店に行かないため、店が信用できるかどうか不安です。そこで、特定商取引では販売員は、店や会社、販売員の名前などを顧客に示すことが必要です。また商品を販売したときは、商品の価格や支払時期、支払方法、返品のことなどを書面で顧客に渡すことが必要です。更に顧客が払う損害賠償額の最高額が高くなりすぎないような規制もあります。エステティックサロンや英会話教室などのサービスについては、中途解約することができます。

クーリング・オフ

　訪問販売や電話勧誘販売のように、突然、販売員から一方的に勧誘されて商品を買ったとき、8日以内に顧客が、商品を買った契約を撤回したいといったとき、販売者は契約の撤回に応じなければなりません。契約を撤回したとき、販売業者は受取った代金を顧客に返し、顧客は商品を販売業者に返します。

　通信販売は、顧客が自分で商品を選んで注文します。突然、販売員から一方的に勧誘されていません。そこで特定商取引法では、通信販売には、クーリング・オフを必要としていません。通信販売業者が自主的にクーリング・オフに応じることは自由です。

販売経営管理―❼

商標法・不正競争防止法・景品表示法

Point　学習のポイント

　自分が知っている店のマークに似ているので、その店を信じて入ったら違う店だったらがっかりします。また、実際の商品が説明書きより悪いものだったら、騙されたと思います。こうならないように、マークは商標法で規制して、商品の説明書きは景品表示法で規制しています。

マークや情報による混乱を防ぐ

〔商標法〕
A社のマーク
B社のマーク
この箱はA社？B社？
よく似たマークで消費者を混乱させない

〔景品表示法〕
カシミヤ 80%
本当にカシミヤ80%？
本当はカシミヤ50%
ウソの情報で消費者を混乱させない

商標法

　商標は、商品やサービスについて他のものと見分けるための標識です。他のものと識別する名称は商号です。商標は図形だけではありません。文字や記号、立体物なども商標です。商標は特許庁に申請登録します。同じ商標や、よく似ている商標の場合、先に申請した方が優先して登録できます（先願主義）。登録されている商標をマネして、

顧客が間違えるような商標を使っている場合、使うことを止めさせたり、損害賠償を請求することができます。「高崎だるま」「静岡茶」などのように、地域名と商品名とをつなげて地域団体商標として登録することもできます。

不正競争防止法

人気商品が安かったので買ったら、それがコピー商品でがっかりしたことがありませんか？　人気商品の形やマークを作って売ろうとすると、顧客が本物の人気商品と間違えてしまいます。不正競争防止法では、顧客が間違えないように、他の商品の形やマークをマネることや、インターネットのドメイン名を不正に取得することなどを禁止しています。

景品表示法

本当はカシミヤ50％のセーターを「カシミヤ80％」と表示して商品をよくみせたり、実際は30人分ある商品を「先着10人までサービス」と表示して、今買うと有利にみせて販売していることがあります。実際よりも商品をよくみせる表示を「優良誤認表示」といいます。実際よりも条件を有利にみせる表示を「有利誤認表示」といいます。優良誤認表示や有利誤認表示は景品表示法で禁止されています。

景品表示法では、商品を買った顧客に渡す景品の1個当たりの最高額と、景品全体の限度額についても定めています。

懸賞種類	取引価額	最高額	限度額
総付（購入客全員に渡すおまけ）	1,000円未満	200円	定めなし
	1,000円以上	取引価額の10分の2	〃
一般懸賞	5,000円未満	取引価額の20倍	売上予定総額の2％
	5,000円以上	10万円	〃
共同懸賞	取引価額にかかわらず	30万円	売上予定総額の3％

販売経営管理—❽

➡ リスクマネジメント

Point 学習のポイント

　A店でポイントカードつくるために申込書に連絡先を記入したら、連絡先を知らないはずのB店からダイレクトメールが届いたら不安になります。A店に対する信用がなくなり、他店でポイントカードを作成することが不安になります。個人情報保護法では、個人情報の意味や個人情報取扱事業者、個人情報の保管方法を定めています。

こんなものが個人情報

（顧客の情報）
注文情報、情報誌の購読者情報、会員情報、アンケート結果、プレゼントの応募状況、クレーマーへの対応
（従業員の情報）
従業員名簿、連絡網、履歴書、給与データ、健康診断書
（仕入先の情報）
名刺、仕入先名簿、契約書、請求書
（メールアドレス）
個人が特定できるデータ
（防犯カメラに録画された個人画像）

個人情報

　個人情報保護法では、次の3種類を保護します。
(1)個人情報

生存する個人に関する情報です。氏名・映像・生年月日・連絡先などです。

(2)個人データ

個人を検索できるようにした個人情報データベースです。50音順の顧客名簿などです。

(3)保有個人データ

個人データのうち、開示・訂正・利用停止等をくり返しながら6カ月を超えて保有するものです。店が使うのは保有個人データです。保有個人データの保管は、個人情報や個人データよりも厳しい基準になっています。

個人情報の取扱い

顧客の数は店によって違います。ノート1冊で書ききれる程度の人数の個人情報なら、ノートをしっかり保管しておけば問題はありませんが、1万人の個人情報なら、保管はかなりしっかりしたものになります。個人情報保護法では、個人情報を、過去6カ月以内に1度でも5,000人を超えて使ったことのある事業者を「個人情報取扱事業者」として、「個人情報取扱事業者」の個人情報保管方法を定めています。

個人情報を保管するときには、次のことを守る必要があります。

①責任者を決める
②個人情報を使うときは、責任者の許可を受ける
③パソコンで管理する場合はパスワード設定など、不正アクセス対策をする

従業員の情報も個人情報として保護します。例えば、店で着ける名札に本名を書くと、氏名という個人情報が漏れることになります。「店長」「売場主任」「お客様相談係」などの役職名を書いた名札にすることも個人情報保護になります。

販売経営管理—⑨

まちづくり3法

Point 学習のポイント

いろいろな店舗で買物をして、疲れたら休憩したくなります。多くの人々が集まる場所をつくるためには、店舗だけでなく休憩場所やイベントホールも考えることが必要です。都市の中で、人々が居住する地域や店舗などが集積する地域の範囲を計画するとともに、地元の人が迷惑しないようなルールづくりが必要です。都市計画法と大規模小売店舗立地法と中心市街地活性化法との「まちづくり3法」で、人が減っている都市部に人を集めて、都市部を活性化しようとしています。

大型店を中心に街を活性化する

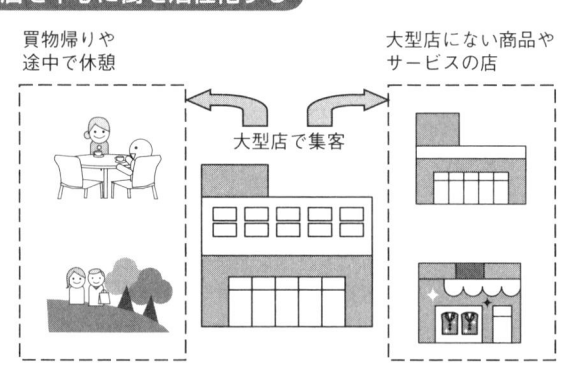

買物帰りや途中で休憩　　大型店で集客　　大型店にない商品やサービスの店

都市計画法

都市計画法は、都市の中で人が住むところをどこにして、人が集まるところをどこにするか、という計画の法律です。最近では人がたく

さん集まる場所を、郊外から都市に戻そうとしたり、病院や公民館、市役所などの公共施設を建てるときに都市計画法の許可を必要とする改正があります。

大規模小売店舗立地法

ショッピングセンターができると、人や車が増えます。ショッピングセンターや人が出す音やゴミもあります。多くの人々が集まることで、地域の住環境が不快にならないような規制が必要になります。大規模小売店舗立地法では、ショッピングセンターなどの大規模小売店の出店に考慮すべき駐車場対策や騒音対策、ゴミ対策などを決めています。最近では、大規模小売店だけでなく、大規模なサービス施設にも駐車場対策や騒音対策などの改正があります。

中心市街地活性化法

大きなショッピングセンターができて、地域に住んでいる人との関係が良くなるだけでは、都市部が元気にはなりません。どのような店をどの辺りに集め、休憩する場所や遊べる場所をどこにして、どのようなサービスをするか、ということを決めることが大切です。施設とサービスを合わせると、たくさんの人が集まって、楽しい時間を過ごせるようになり、都市部が活性化します。

中心市街地活性化法では、役所や中心市街地ごとに作られる中心市街地活性化協議会が中心になって、まち全体で施設とサービスとをどう組み合わせるかを決めて、実際のまちづくりを進めます。施設やサービスを計画するときは、少子高齢化や消費生活等の変化といった状況を考えて、子供や高齢者の安心安全や、いろいろなお客様が集まれる工夫が必要です。施設やサービスを総合的、かつ一体的に使って都市機能の増進や経済活力の向上を実現するまちづくりをします。

販売経営管理―❿

経営分析とは何か

Point 学習のポイント

　企業を分析するときには、「どれだけ儲かっているか」「建物や商品を並べている什器や商品がどれくらいあるか」「借金がどれくらいあるか」などを考えます。「どれだけ儲かっているか」は損益計算書で調べます。「建物や商品を並べている什器や商品がどれくらいあるか」「借金がどれくらいあるか」は貸借対照表で調べます。

損益計算書と貸借対照表から分析する

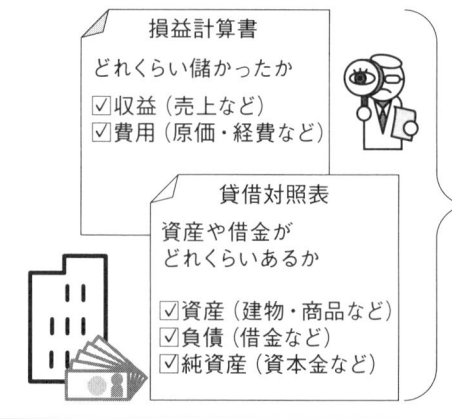

損益計算書
どれくらい儲かったか
- ☑ 収益（売上など）
- ☑ 費用（原価・経費など）

貸借対照表
資産や借金が
どれくらいあるか
- ☑ 資産（建物・商品など）
- ☑ 負債（借金など）
- ☑ 純資産（資本金など）

- ☑ 損益分岐点分析
- ☑ キャッシュフロー分析
- ☑ 企業価値分析
- ☑ 財務諸表分析
- ☑ 成長性分析

経営分析の範囲

　損益計算書や貸借対照表と関連する情報を使って、損益分岐点分析やキャッシュフロー分析、企業価値分析、財務諸表分析、成長性分析

をすることを経営分析といいます。

(1)損益分岐点分析

「売上高＝変動費＋固定費＋利益額」の式で、利益額がゼロになるときの売上高を「損益分岐点」といいます。損益分岐点と現在の売上高とが近い額のとき、利益が少ない経営状況と考えます。

(2)キャッシュフロー分析

実際に店を経営するときは、儲けも大切ですが、お金の流れが大切です。キャッシュフロー分析は、いくらお金が入ってきて、いくらお金を払うかというお金の流れを把握します。

(3)企業価値分析

会社の株価を求めたり、会社そのものを大企業に売るときなどは、会社の資産などを時価に直した企業価値が使われます。

(4)財務諸表分析

損益計算書と貸借対照表とを使って、どれだけ儲かっているか（収益性）、借金を返せるか（流動性・安全性）、資産のムダがないか（効率性）を分析します。

収益性では、店の大きさなどに対してどれくらい儲かったかという資本利益率と、売上高のうちどれくらい儲かったかという売上高利益率とを分析します。流動性・安全性では、借金を払えるだけの資産を持っているかの支払能力を、流動比率などで分析します。効率性では、どれだけ少ない資産などで、なるべく多くの売上高などを上げるかを、回転率で分析します。

(5)成長性分析

売上などについて「当期の数字÷前期の数字」で店がどれだけ成長しているかを分析します。例えば、当期の売上が6,000万円で前期の売上が5,000万円のとき、売上の成長は「当期の売上（6,000万円）÷前期の売上（5,000万円）＝1.2（120％）」になります。

販売経営管理―⑪

狭義の経営分析

Point 学習のポイント

近所のコンビニエンスストアと駅前の大型GMSの1日の利益が同じ額ならば、コンビニエンスストアのほうが効率的な経営をしています。近年は、少ない資本で多くの利益を獲得する企業がよいといわれています。ここでは、利益と資本について学習しましょう。

損益計算書と貸借対照表の例

I 売上高		3,000,000
II 売上原価		2,170,000
売上総利益		830,000
III 販売費および一般管理費		780,000
営業利益		50,000
IV 営業外収益		48,000
V 営業外費用		12,000
経常利益		86,000
VI 特別利益		4,000
VII 特別損失		5,600
税引前当期純利益		84,400
法人税等		33,760
当期純利益		50,640

資産の部		負債の部	
I 流動資産		I 流動負債	
現金預金	210,000	買掛金	162,000
売掛金	37,000	短期借入金	8,000
有価証券	80,000	未払金	80,000
棚卸資産	150,000	流動負債合計	250,000
その他流動資産	60,000	II 固定負債	
流動資産合計	537,000	長期借入金	260,000
II 固定資産		退職給付引当金	72,000
(有形固定資産)		固定負債合計	332,000
建物・構築物	456,800	負債合計	582,000
什器備品	126,000	純資産の部	
(無形固定資産)		I 株主資本	
借地権	6,000	資本金	96,000
ソフトウェア	6,800	資本剰余金	202,000
(投資その他の資産)		利益剰余金	1,184,000
投資有価証券	931,400	株主資本合計	1,482,000
固定資産合計	1,527,000	II 評価・換算差額等	0
		純資産合計	1,482,000
資産の部合計	2,064,000	負債純資産合計	2,064,000

利益と資本の種類

(1)利益の種類

①売上総利益(粗利益):商品販売から得られる利益です。

②営業利益:本来の営業で獲得した利益です。

③経常利益:営業利益に、利息などの営業外収益と営業外費用を加減したものです。

④税引前当期純利益:経常利益に、特別利益と特別損失とを加減した

ものです。
⑤当期純利益：税引前当期純利益から法人税等を差し引いた最終利益です。

(2)資本の種類
①他人資本（負債）：他人から借りている資本です。1年以内に返済するものを流動負債、1年より後に返済するものを固定負債といいます。
②純資産（自己資本）：株主から払い込まれた額で返済しなくていい資本です。
③総資本：他人資本と純資産との合計です。貸借対照表の総資産です。

資本利益率

「資本利益率＝利益÷資本」です。少ない資本で多くの利益を獲得する企業は資本利益率が高いです。資本利益率は売上高利益率と資本回転率とに分解できます。資本利益率の中では総資本経常利益率と自己資本利益率がよく使われます。

$$総資本経常利益率↑ = \frac{経常利益↑}{総資本}$$　※↑は計算結果の大きい方がよい。

$$自己資本利益率↑ = \frac{当期純利益↑}{自己資本}$$

$$総資本経常利益率 = \frac{経常利益}{総資本} \times 1 \left(\frac{売上高}{売上高}\right)$$

$$= \frac{経常利益}{売上高}（売上高利益率） \times \frac{売上高}{総資本}（資本回転率）$$

総資本経常利益率が低い場合、1年以内に現金化される流動資産や、建物や器具など何年も使う固定資産が増えて、総資本が増えたり、資産管理や借入金利息の費用が増えていることが考えられます。

販売経営管理―⑫

◆主要な経営分析指標

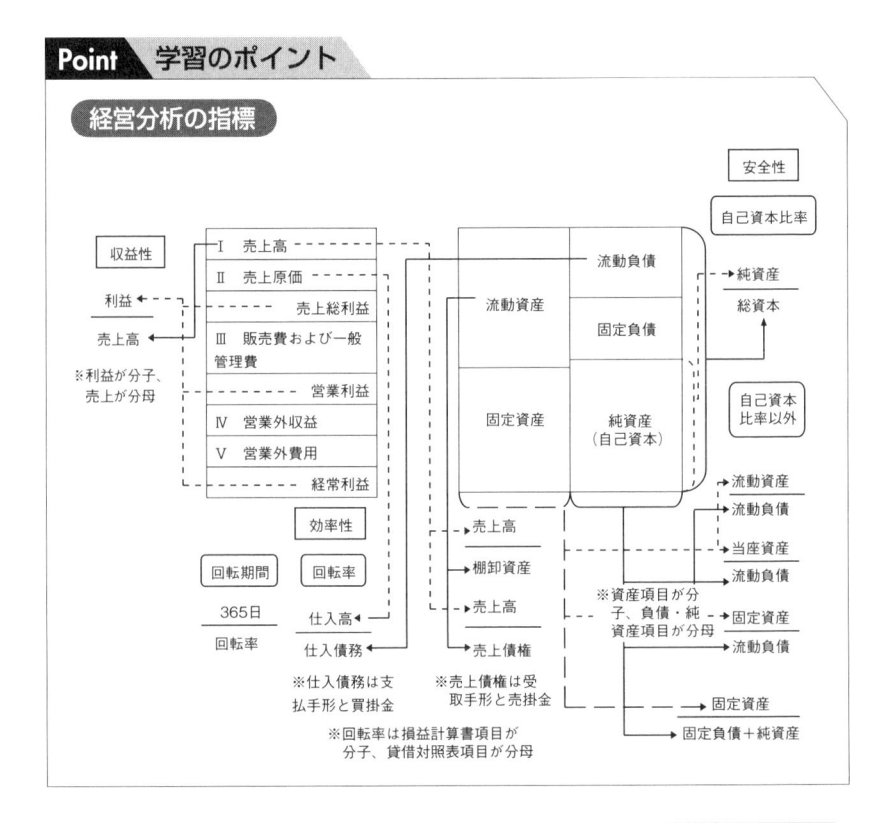

Point 学習のポイント

経営分析の指標

[図：収益性・効率性・安全性に関する経営分析指標の関係図]

- 収益性：売上高、売上原価、売上総利益、販売費および一般管理費、営業利益、営業外収益、営業外費用、経常利益
  ※利益が分子、売上が分母
- 効率性：回転期間、回転率
  - 365日／回転率
  - 売上高／棚卸資産
  - 売上高／売上債権
  - 仕入高／仕入債務
  ※仕入債務は支払手形と買掛金
  ※売上債権は受取手形と売掛金
  ※回転率は損益計算書項目が分子、貸借対照表項目が分母
- 安全性：自己資本比率（純資産／総資本）
  自己資本比率以外：
  - 流動資産／流動負債
  - 当座資産／流動負債
  - 固定資産／固定負債＋純資産
  - 固定資産／純資産
  ※資産項目が分子、負債・純資産項目が分母

収益性の経営指標

収益性の経営指標には、資本利益率や売上高利益率があります。売上高利益率の主な指標は次のとおりです。

売上高総利益率↑※	売上総利益÷売上高	商品売買の利幅
売上高営業利益率↑	営業利益÷売上高	本業の利益
売上高経常利益率↑	経常利益÷売上高	設備投資効果の確認

※↑は計算結果の大きいほうがよい。↓は小さいほうがよい

安全性の経営指標

安全性の経営指標には、貸借対照表の左側（資産）と右側（負債・純資産）とを比べるものや、資産のうちどれだけ純資産であるかをみるものがあります。貸借対照表の左側と右側とを比べるときは、左側は分子、右側が分母になります。

流動比率↑	流動資産÷流動負債	短期の支払能力
当座比率↑	当座資産※÷流動負債	短期の資金力
固定比率↓	固定資産÷自己資本	長期の支払能力
固定長期適合率↓	固定資産÷（固定負債＋自己資本）	長期の支払能力
自己資本比率↑	自己資本÷総資本	資本の健全性

※当座資産＝現金預金＋受取手形・売掛金＋有価証券

効率性の経営指標

効率性の経営指標には、資産や負債が売上や仕入の何回分かを表す回転率や、何回分かを期間で表す回転期間があります。回転率の分子は損益計算書の売上高や仕入高で、分母は貸借対照表の資産や負債です。回転期間の分子は365日で、分母は回転率です。

売上債権回転率↑	売上高÷売上債権	売上債権の回転速度
仕入債務回転率	仕入高÷仕入債務	仕入債務の支払状況
棚卸資産（商品）回転率↑	売上高÷棚卸資産	商品の販売効率
売上債権回転期間↓	365日÷売上債権回転率	販売から代金回収の平均日数
仕入債務回転期間	365日÷仕入債務回転率	仕入発生から代金支払までの平均日数
棚卸資産（商品）回転期間↓	365日÷棚卸資産回転率	商品仕入から販売までの平均日数

仕入債務回転率や仕入債務回転期間は、計算結果の大小だけでは、よい悪いの判断はできません。売上債権は受取手形と売掛金との合計です。仕入債務は支払手形と買掛金との合計です。小売業の場合、棚卸資産は商品です。

販売経営管理―⓭

付加価値による分析

Point 学習のポイント

　みなさんが販売員なら、店舗の儲けに貢献した自分の努力が、どれだけ給料に反映されているのか気になるはずです。

　店舗の儲けをみる指標の一つに、、付加価値があります。小売業では、売上総利益（粗利益）を付加価値として分析します。付加価値を販売員など店舗で働く人数で除すと、一人当たりの儲けがわかります。また、付加価値を給料で除すと、儲けのうち自分の給料への反映度合がわかります。

付加価値を増やして給料を上げる

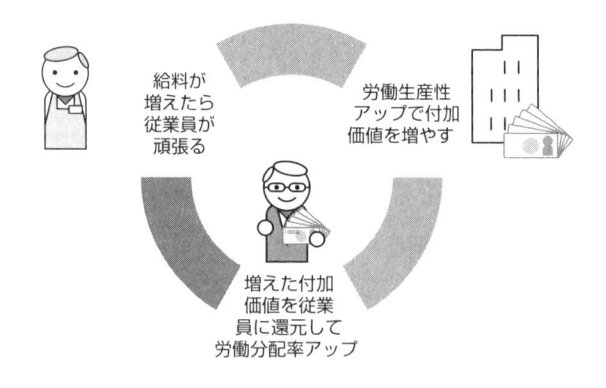

- 給料が増えたら従業員が頑張る
- 労働生産性アップで付加価値を増やす
- 増えた付加価値を従業員に還元して労働分配率アップ

従業員1人当たり人件費

　企業が払う給与などのことを人件費といいます。人件費を、従業員数数で除すと、従業員1人当たり人件費になります。企業は、従業員

1人当たり人件費を低くしたいと考え、働く人は高くしたいと考えています。両者の調整をするために、従業員1人当たり人件費を、付加価値によって、労働生産性と労働分配率とに分解して考えます。

$$\frac{人件費}{従業員数} \times \frac{付加価値}{付加価値} = \frac{付加価値}{従業員数}(労働生産性) \times \frac{人件費}{付加価値}(労働分配率)$$

労働生産性と労働分配率との分析

(1) 労働生産性

労働生産性を売上高で分解すると、従業員1人当たり売上高と売上高付加価値率とになります。従業員全員が頑張って、1人当たりの売上高を増やしたり、粗利益率の高い商品を多く売れば労働生産性が上がります。

$$\frac{付加価値}{従業員数} \times \frac{売上高}{売上高} = \frac{売上高}{従業員数}(1人当たり売上高) \times \frac{付加価値}{売上高}(売上高粗利益率)$$

(2) 労働分配率

給料は、時給や月給で金額が決まっていることが多いので、あまり変化しません。給料である人件費が変化しないで、付加価値である粗利益が減ると、給料が増えないのに、計算上は労働分配率が高くなります。しかし、粗利益や売上が減ったときに、企業が従業員を減らしたり給料を下げたりすると、労働分配率は元どおりになります。しかし、従業員は人数を減らされたり、給料を下げられたくありません。従業員も企業も儲かるためには、付加価値を上げて労働生産性を増やした後に、増えた付加価値で従業員1人当たり人件費を増やす順序になります。

$$\frac{人件費}{付加価値} \times \frac{従業員数}{従業員数} = \frac{人件費}{従業員数}(1人当たり人件費) \div \frac{付加価値}{従業員数}(労働生産性)$$

販売経営管理—⑭

店舗組織の考え方

Point 学習のポイント

企業にはさまざまな組織形態があります。企業の事業目的にあわせて採用される組織形態は異なります。代表的な組織形態には、事業部制とカンパニー制と機能別組織などがあります。

事業部制とカンパニー制と機能別組織

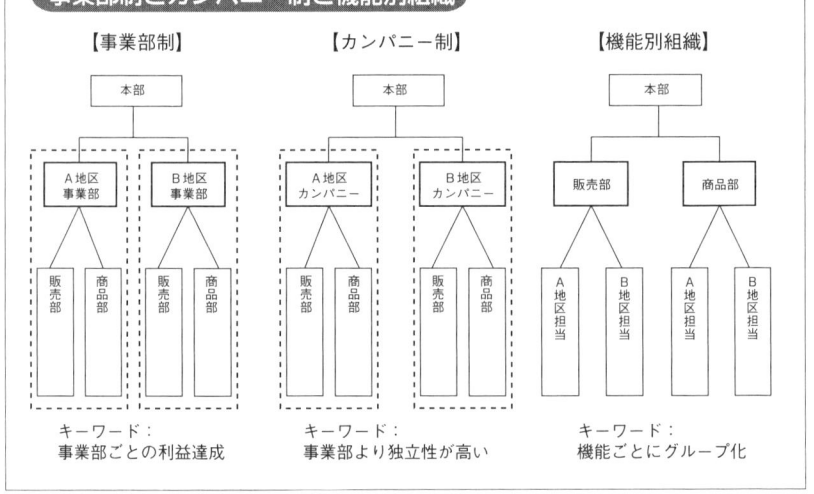

【事業部制】
本部 — A地区事業部（販売部・商品部）、B地区事業部（販売部・商品部）
キーワード：事業部ごとの利益達成

【カンパニー制】
本部 — A地区カンパニー（販売部・商品部）、B地区カンパニー（販売部・商品部）
キーワード：事業部より独立性が高い

【機能別組織】
本部 — 販売部（A地区担当・B地区担当）、商品部（A地区担当・B地区担当）
キーワード：機能ごとにグループ化

協働体制づくりの3要素

従業員が協力して働く（協働）のためには、次の3要素があります。
(1) 共通の目標：店の方針から作る共通目標
(2) 意思伝達（コミュニケーション）：報告、連絡、相談
(3) 協力・協働の意欲：共通の目的を達成する意欲

組織形態の種類

小売業の事業目的を遂行する組織形態には次のものがあります。

(1) 事業部制

柱となる事業ごとに編成された事業部が本社（本部）の下にある組織です。それぞれの事業部は、事業部ごとの利益目標を達成する責任と権限を本社から委譲されています。権限が委譲されているため、会社全体より早く決断したり、行動することができます。しかし、今期の事業部利益目標を達成するために、他の事業部と協力しなくなったり、強引に販売して顧客の信用を失うことがあります。また、経理など、事業部ごとに変わらない機能が重複してしまうこともあります。

(2) カンパニー制

事業部制よりも独立性が高い組織です。それぞれのカンパニーには、損益計算書にある利益責任だけでなく、貸借対照表にある資産などの責任があります。

(3) 機能別組織

販売や仕入、経理などの、機能ごとのグループにした組織です。

(4) マトリックス組織

商品別や地域別など、異なる複数の組織を組み合わせた組織です。

(5) 学習する組織

従業員が自主的に学習して、学習成果を共有する組織です。

(6) フラット組織

管理階層を減らして、従業員が自立して行動する組織です。

組織の基本原則

Point 学習のポイント

販売員に質問したとき、すぐ答えてもらえず、「店長に聞いてきます」「あちらの担当者に聞いてください」といわれたら良い気持ちはしません。もし、店のルールで「何でも必ず店長に確認すること」「他の人の担当部分は答えないこと」と決まっていたら、顧客に嫌な思いをさせた原因は店の組織運営にあります。顧客に満足してもらい、店の人も働きやすい組織運営にするには、いくつかのポイントがあります。

従業員が頑張るために必要なこと

【三面等価の原則】

責任／権限／義務

各自に与えられた権限を使って、各自の義務を果たす責任がある

【指揮系統の統一化の原則】

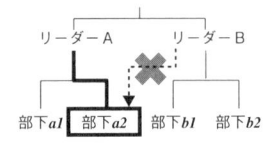

リーダーA　リーダーB
部下$a1$　部下$a2$　部下$b1$　部下$b2$

部下$a2$に指令できるのはリーダーAだけ。リーダーBは部下$a2$に命令できない

【統制の範囲の原則】

部下が多すぎると、誰が何をやっているのか管理しきれない

【専門化の原則】

事務が得意　販売が得意　仕入が得意

各自が得意なことをやって、会社全体の利益を増やす

(1) 三面等価の原則

　仕事では、仕事の結果に対する責任と、仕事をするために何かを指示する権限と、権限を使って、責任を果たす義務との3つを等しくします。

(2) 指令系統の統一化の原則

　誰かに命令するのは組織の1人だけにします。例えば、ある販売員

に命令できるのは、その販売員の直接の上司だけです。
(3)統制の範囲の原則（スパン・オブ・コントロール）

1人の上司が管理できる人数は、組織の上層部の場合は5〜6名、販売員なら20名が限度です。

(4)専門化の原則

販売、経理など組織の機能ごとに仕事をまとめて専門的に行う方が効率的です。個人に割り当てる仕事は、できるだけ関連する仕事をまとめることを「職務割当ての原則」といいます。

(5)権限委譲の原則

上司が自分の仕事を部下に指示するときは、仕事に必要な上司自身の権限を部下に渡します。やり方やルールがきちんと決まっている仕事は部下に任せて、上司はそれ以外のやり方やルールが決まっていない仕事に専念することを「例外の原則」といいます。

ホロン的経営

組織としてうまく機能するためには、店の人の1人ひとりが、顧客によって接客を変える臨機応変な対応が必要です。そのためには、課制を廃止して組織をフラット化したり、仕事が忙しいときだけ働いてもらうパートタイマー制や個人ごとに勤務時間などを変えられるフレックスタイム制で働きやすくする工夫が必要です。また、みんなが、常に組織を良くしていこうとする組織開発（OD）によって、臨機応変に対応する組織の雰囲気を作ります。そして、従業員が各自で店舗を良くしようと考えて、みんなで行動する経営をホロン的経営といいます。

販売経営管理—⑮

職場の人間関係管理

Point 学習のポイント

　従業員1人ひとりが自分の役割に対して成果を出せば、全体として大きな成果になります。成果を出すためには、それぞれの役割分担や成果の評価方法も大切です。

職務分析→職務割当て→人事考課

職務分析 →（職務明細表）→ 職務割当て →（職務実績）→ 人事考課

いつ、どんな仕事が、どれくらいあるのだろう？

職務明細表

仕事	時間	人数
販売員	…	…
商品仕入	…	…
清掃	…	…
事務	…	…
レジ	…	…

どの仕事を誰にやってもらおうかな？

各自の実績と能力を評価します

インフォーマル組織

　○○売場や△△部門、××課など、会社の組織図にある組織をフォーマル組織といいます。一方、フォーマル組織では違う売場や部門、課であっても、サークルなどで気の合う仲間同士がグループを作ることがあります。このように会社の組織図にない組織をインフォーマル組

織といいます。フォーマル組織より、インフォーマル組織の方が、従業員のやる気や仕事の効率に対する影響が大きいことがホーソン工場の実験でわかっています。

職場の人事管理

(1)職務割当て

　店にはたくさんの仕事（職務）があります。その仕事を、誰が、どれくらいやるかを決めることが職務割当てです。職務割当てをするとき、最初に、社内における職場の役割を確認します。職場の役割が決まったら、その役割を果たすために、どんな仕事がどれくらい必要か、何人くらいなら、どれくらいの時間でできるか、どんな権限が必要かなどを分析します。この分析を職務分析といいます。更に、仕事の難しさも評価します。仕事の難しさを評価することを職務評価といいます。職務分析や職務評価の結果は、職務分析表や職務明細表、職務権限規程にまとめます。そして、職務分析の結果から、その仕事をするのに最適な人を担当者に決めます。

(2)人事考課

　売上は上げるけれど売場のルールを守らない人と、売上は少ないけれど売場のルールを守る人とでは、売場としてどちらの人が優秀でしょうか？　人事考課では職務割当てで割り当てられた職務に対する成果を、その人の実績と能力との両方から査定します。人事考課の方法には、特徴評価法や照合表、多項目総合評定法などがあります。

(3)仕事の見直し

　売る商品や店のレイアウト、顧客のニーズやサービスが変われば、仕事が変わります。仕事が変われば、職務分析や職務評価、職務割当て、人事考課などが変わります。店舗運営の定期的な見直しに合わせて職務分析や職務評価、職務割当て、人事考課も定期的な見直しが大切です。

就業管理

> **Point** 学習のポイント
>
> みなさんが働いている職場で、病気で3日間無断欠勤して3日後に出社したら、会社のルールで解雇されたらおどろくはずです。職場のルールは、事前に知らせてくれないと安心して働くことができません。職場のルールは、就業規則にまとめて、従業員が誰でも見られるようにしておくことが決められています。

従業員に職場のルールを知らせる就業規則

職場
就業規則
・5日間無断欠勤したらクビ

そんな職場のルールを知っていたら無断欠勤しなかったのに…

(1) 就業規則

常時10人以上の労働者を使用する使用者は就業規則を作成し、行政官庁に届け出なければならない、と労働基準法に定められています。

(2) 就業規則に定める項目

① 始業と終業の時刻、休憩時間、休日、休暇など
② 賃金の決定と計算や支払方法、支払時期、昇給など
③ 退職

(3) セクシャル・ハラスメントへの対応

男女雇用機会均等法では、セクシャル・ハラスメントや男女差別な

どに対する事業主の対応が決められています。

パートタイマーの活用

(1)パートタイマーと正社員

　店には正社員と、パートタイマーと呼ばれる非正規社員がいます。パートタイマーは、正社員と比べて労働時間が短いのですが、仕事は正社員と同様のことをやります。管理者は、非正規社員に対しても、正社員に対しても、仕事において同じように接することが大切です。

(2)パートタイム労働法

　パートタイマーは、正社員と比べて、労働時間や賃金などの労働条件が悪いことが多いです。パートタイマーが増えている状況で、パートタイマーの労働条件を正社員に近づけるように定めたパートタイム労働法があります。パートタイム労働法では、事業主が次の努力をすることを規定しています。

① パートタイマーと正社員の労働条件などを近づける
② パートタイマーを新しく雇うとき、労働条件などを書いた書面（労働条件通知書）を渡す
③ パートタイマーについての就業規則を作ったり変えたりするときは、パートタイマーの意見を聴く
④ パートタイマーが10人以上いる職場ごとに、「短時間雇用管理者」を置く

販売経営管理―⓰

人材育成とリーダーシップのあり方

Point 学習のポイント

　入社して間もない頃には、細かいことまで親切に教えてもらったり、指示してもらった方が嬉しかったのに、だんだん細かい指示が苦痛になってくることはありませんか？　その苦痛は、あなたが仕事に慣れたり、自分自身で考えられるようになったことが原因です。教えたり、指示する人は、相手によって細かく指示をするのか、だいたいの方向を示して考えさせるのかを見極めることが大切です。

リーダーは部下の自立心を支援する

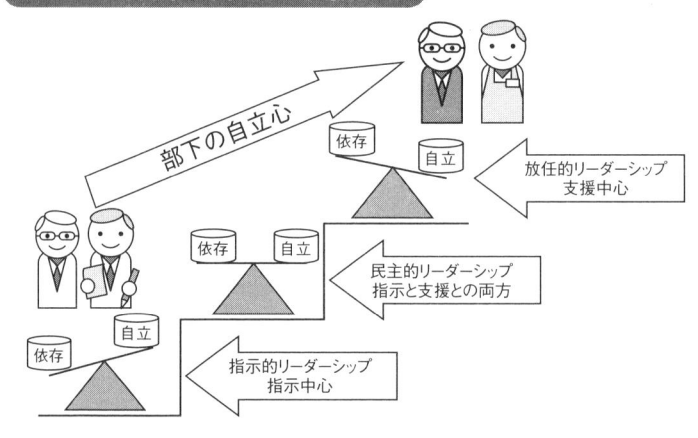

部下の自立心

- 放任的リーダーシップ　支援中心（依存／自立）
- 民主的リーダーシップ　指示と支援との両方（依存／自立）
- 指示的リーダーシップ　指示中心（依存／自立）

人材育成の方法

　成熟度を高めるためには、人材育成で従業員教育をします。
(1) OJT：先輩と一緒に仕事をしながら業務知識や技術を覚える。

(2) Off-JT：職場から離れて、外部の講師から訓練を受ける。
(3) ラーニング・ポータルサイト：研修情報をいつでもみられるイントラネットのシステム。
(4) コーチング：受講者に質問をくり返しながら、受講者自身が解決策に気づくようにコントロールする方法。

リーダーシップの類型

(1) 指示的リーダーシップ：上司への依存が強い部下の場合、細かい点まで指示する。
(2) 民主的リーダーシップ：上司への依存と自立との両方がある部下の場合、相談や話し合いで決めていく。
(3) 放任的リーダーシップ：上司からの自立が強い部下の場合、重要なことだけを指示して部下に任せる。

経営学の理論

(1) SL（Situational Leadership）理論：部下の成熟度によって、指示的・説得的・参加的・委任的リーダーシップを使い分ける。
(2) 人間欲求の5段階説：人間の欲求は、生理的欲求→安全・安定の欲求→社会的・親和の欲求→自我・自尊の欲求→自己実現の欲求の5段階がある。部下の欲求段階に応じて、部下のやる気を引き出す方法を変える。
(3) 動機づけ衛生理論：衛生要因と動機づけ要因とを考える。
　①衛生要因…不満を予防する要因。給与、処遇、作業条件など
　②動機づけ要因…仕事のやる気を高める要因。達成感、賞賛・承認、責任感、やりがい、成長など

販売経営管理—⑰

●防犯対策と店舗施設の保守

Point 学習のポイント

　学生のとき、後ろの席の人ほど私語が多かったのではないでしょうか？　それは、教壇にいる先生からみえにくいという安心感があるためです。逆に、前の席の人は先生からみられている意識があるから、私語をしにくいのです。人間は、誰かにみられていると悪いことをしにくくなるのです。

万引きしにくいお店をつくる

声がけをする	ゴンドラを低くする
こんにちは	よくみえる
防犯カメラを設置する	店内を明るくする
作動中!	

気にされている、みられていると盗れないな

万引き対策

　万引き対策では、万引きした人を捕まえることよりも、万引きをしにくい売場づくりに重点が置かれます。万引きしにくい店は、明るく

て、死角がなく、万引きをしたら従業員の人がすぐに気づくようにしています。常に売場をきれいにしたり、顧客に挨拶して、従業員がいつも売場の隅々や顧客の1人ひとりまで気にしていることを印象づければ、万引きしにくくなります。更に棚を低くしたり、監視カメラをつけて死角をなくします。具体的な万引き対策には次のものがあります。

(1)人的アプローチ
　①挨拶（声がけ）の励行
　②警備員・保安員の採用
(2)店舗改善
　①デッドスペース（死角）の改善（棚を低くする、通路を広くする）
　②顧客動線の見直し（見通しのよい通路、入り組んだ通路にしない）
　③クリンリネスの励行(清掃、商品を積み上げない、商品の整理整頓)
　④明るい照明への変更
(3)防犯設備の設置
　①防犯カメラ・防犯ミラーの設置
　②防犯ゲートの設置
　③センサー・タグシステムの採用

防火・防犯対策

　防火対策として、燃えやすいものを置かないことや、タバコの火の始末状況に注意することがあります。

　防犯対策として、明るく、見通しのよい店づくりがあります。防犯設備として、死角になる場所に防犯カメラを設置したり、ガラスに防犯フィルムを貼ったり、警報装置を設置するなどの対策があります。

販売経営管理―⑱

◆付帯施設管理

Point 学習のポイント

　郊外の店に行くときやたくさんの買物をするときに、車で行くと便利です。郊外店は駐車場設備に力を入れて、車で来店しやすくして、顧客1人当たりが買う量を増やしています。

駐車場が広いと売上が増える

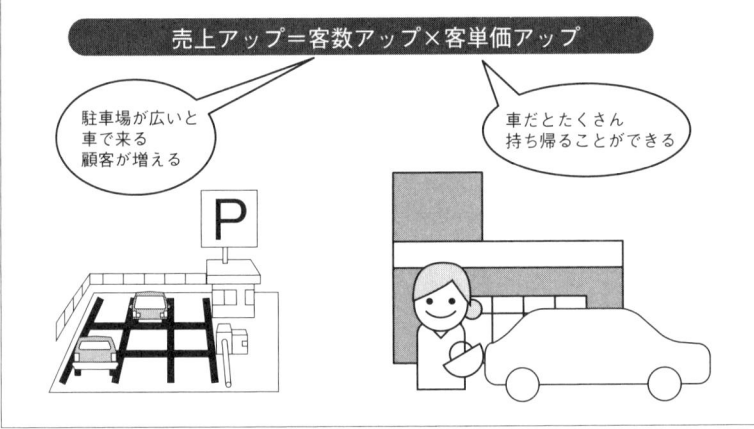

売上アップ＝客数アップ×客単価アップ

駐車場が広いと車で来る顧客が増える

車だとたくさん持ち帰ることができる

駐車場

　郊外に大きな店を出すときには駐車場が必須です。郊外の土地は都心に比べて価格が安いため、大きな店を安いコストで作って維持することができます。しかし、価格が安い土地は電車やバスが不便で、自家用車が最も便利な来店方法であることが多いです。しかし、その場合は、駐車場に関する問題が出てきます。駐車場がいっぱいだったり、

駐車場が店舗の近くにないと、顧客は車で来店しなくなります。

車で来店すれば、電車やバスで来るよりもたくさんの荷物を積むことができます。大きな商品を買ったりするときに、買って持ち帰ることができます。駐車場を充実させて自家用車で来店する顧客が増えれば、顧客1人当たりが買う量も増えるということです。

立体駐車場

顧客の数を増やしたり、顧客1人が買う量を増やすために駐車場は有効です。しかし、駐車スペースを広くするということは、売場面積を少なくして売上を逃すことになります。駐車スペースを少なくして、逃す売上を最小限に抑えようとするとき、駐車場を立体にする方法があります。立体駐車場には、駐車する位置まで車で移動する自走式と、決まった位置に車を置き、その位置から機械で駐車位置まで移動させる機械式とがあります。

自走式	フラット式	自走式の最も基本的なもので、各駐車階をスロープで連結した形式
	スキップ式	駐車階をそれぞれ半階ずつずらして、互い違いに組み合わせた形式
	連続傾床式	床全体はゆるい勾配で傾斜させて、昇降のためのスロープを兼ねた形式
機械式	垂直循環式	車両をパレットに載せて、垂直に回転循環させる形式。タワー式
	多層循環式	並べたパレットに車両を載せ、上下または水平に循環させる形式
	水平循環式	
	エレベータ式	車両をエレベータに載せ、駐車する階に運ぶ形式

また、駐車スペースの取り方には、平行駐車（縦列駐車）、45度駐車、60度駐車、直角駐車の4つがあります。

編著者
渡邉　義一（わたなべ　よしかず）
中小企業診断士、社会保険労務士、1級販売士、日商簿記1級、経営教育総合研究所主任研究員、東京販売士協会参与。
システムエンジニアを経て独立し、情報システムの設計・開発からシステム活用による業務改善と労務管理を中心に活動している。
著書として、『利益に直結する！在庫管理システムの実務』（日本実業出版社）、『経営情報システムクイックマスター』、『2次試験診断助言事例クイックマスター』（以上、同友館）など多数。

岩瀬　敦智（いわせ　あつとも）
中小企業診断士、経営学修士（MBA）、経営教育総合研究所研究員、法政大学大学院イノベーション・マネジメント研究科特任講師、昭和女子大学オープンカレッジ講師。都内大手百貨店でのエリアマネジメントやショップ運営の経験を経て独立。現在は、流通コンサルタントとして、小売店の店舗改善に従事している。
著書として、『販売士検定2級重要過去問題傾向の分析と合格対策』（秀和システム）、『中小企業白書の完全攻略2009年版』（法学書院）などがある。

執筆者
矢田　木綿子（やだ　ゆうこ）
中小企業診断士、経営教育総合研究所主任研究員、産業能率大学兼任教員、昭和女子大学オープンカレッジ講師。
専門商社勤務時代に食品・飲料メーカーに対する新パッケージの企画提案などの新規事業を経験し、株式会社 経営教育総合研究所に入社。現在、流通業を中心としたコンサルタントの傍ら、販売士研究会の主任講師として販売士1級・2級・3級の受験指導を行なっており、受講生視点からのわかりやすい講義には定評がある。
著書として、『中小企業白書の完全攻略2008年版』（法学書院）、『中小企業経営・政策クイックマスター2009年版』（同友館）、『3級・販売士最短合格問題集』（かんき出版）などがある。

監修者

山口 正浩（やまぐち まさひろ）

中小企業診断士、経営学修士（MBA）。

(株)経営教育総合研究所代表取締役社長、産業能率大学兼任教員、中小企業診断士の法定研修（理論政策更新研修）経済産業大臣登録講師。販売士受験業界で100冊以上の監修・著書がある講師の一人である。

著書として、『プライス・マーケティング』、『プロモーション・マーケティング』（以上、同文舘出版）、『経済学・経済政策クイックマスター』、『アカウンティングクイックマスター』『中小企業経営・政策クイックマスター』（以上、同友館）、『3級・販売士最短合格テキスト』『3級・販売士最短合格問題集』（かんき出版）、『中小企業白書の完全攻略』（法学書院）などがある。

販売士検定2級　図で見て覚える最短合格テキスト

平成22年4月28日　初版発行

監修者────山口正浩

編著者────渡邉義一・岩瀬敦智

発行者────中島治久

発行所────同文舘出版株式会社
　　　　　　東京都千代田区神田保町1-41　〒101-0051
　　　　　　電話 営業03（3294）1801　編集03（3294）1802
　　　　　　振替 00100-8-42935
　　　　　　http://www.dobunkan.co.jp

Ⓒ M.Yamaguchi　　　　ISBN978-4-495-58851-9
印刷／製本：シナノ　　　Printed in Japan 2010

販売士検定2級最短合格問題集

販売士検定2級合格を完全バックアップ！

(株)経営教育総合研究所
山口正浩 監修

定価（本体 2000 円＋税）

- ●受験生が特に苦手とする出題パターンを分類し、すべてオリジナルの予想問題で攻略！
- ●「重要キーワード攻略編」で、販売士検定2級試験に合格するための基礎力を確認。さらに、3つの出題パターン「正誤選択問題」「関係語句選択問題」「空欄補充選択問題」を繰り返し解答することで、合格への実践力を養う！

同文舘出版

本体価格に消費税は含まれておりません。